1+X 职业技能等级证书培训考核配套教材

工业数字孪生建模与应用

树根互联股份有限公司　组编

主　编　贺东东　叶　菲　徐作栋
副主编　梁敬锋　陈立峰　谢楚雄　张武金
参　编　段文娟　支　潇　王雅平　陈晓柳　张秀玲
　　　　郭　亮　赵　晶　谭　霖　葛晓华　黄志萍

机械工业出版社

本书内容取材于工业企业在工业互联网平台应用中典型的应用场景和实施内容，按照项目任务化的形式提炼，把工业互联网平台在工业现场应用中需要用到的知识内容和技能融入到各个项目中，使读者在项目学习和操作过程中，学会工业互联网平台核心技术——工业数字孪生的相关知识，掌握工业数字孪生建模和物联网（IoT）数据应用的技能。

全书以加工生产线数字化建模和应用的工程案例为主线，根据技术深度，划分为6个项目，分别为体验工业数字孪生建模、接入配置设备物联、构建初级工业设备数字孪生模型、构建进阶工业设备数字孪生模型、设置单设备可视化应用项目、设置多设备可视化应用项目。

本书所有项目都配有教学视频，可通过扫描对应的二维码进行观看，便于老师教学和学生自学。

本书配有电子课件、习题以及教学视频。凡使用本书作为教材的教师均可登录机械工业出版社教育服务网（http://www.cmpedu.com）注册后免费下载，咨询电话：010-88379375。

本书为1+X职业技能等级证书——工业数字孪生建模与应用的配套教材，适合作为职业院校的机械设计制造类、机电设备类、自动化类、电子信息类相关专业的教材，也可供从事工业互联网相关专业的工程技术人员参考。

图书在版编目（CIP）数据

工业数字孪生建模与应用 / 树根互联股份有限公司组编；贺东东，叶菲，徐作栋主编 . —北京：机械工业出版社，2021.11（2024.8 重印）
1+X 职业技能等级证书培训考核配套教材
ISBN 978-7-111-69721-3

Ⅰ. ①工… Ⅱ. ①树…②贺…③叶…④徐… Ⅲ. ①工业工程—系统建模—职业技能—鉴定—教材 Ⅳ. ① F402

中国版本图书馆 CIP 数据核字（2021）第 245004 号

机械工业出版社（北京市百万庄大街22号　邮政编码100037）
策划编辑：陈　宾　　　　　责任编辑：陈　宾
责任校对：张　征　王　延　　封面设计：王　旭
责任印制：邓　博
北京盛通数码印刷有限公司印刷
2024年8月第1版第4次印刷
184mm×260mm · 12.75 印张 · 304 千字
标准书号：ISBN 978-7-111-69721-3
定价：45.00元

电话服务	网络服务
客服电话：010-88361066	机 工 官 网：www.cmpbook.com
010-88379833	机 工 官 博：weibo.com/cmp1952
010-68326294	金 书 网：www.golden-book.com
封底无防伪标均为盗版	机工教育服务网：www.cmpedu.com

前言

为落实 2019 年国务院印发的《国家职业教育改革实施方案》(职教 20 条),把学历证书与职业技能等级证书结合起来,教育部等四部门联合印发了《关于在院校实施"学历证书+若干职业技能等级证书"制度试点方案》,部署启动"学历证书+若干职业技能等级证书"(1+X 证书)制度试点工作。

树根互联股份有限公司是工业数字孪生建模与应用职业技能等级证书及标准的建设主体,主要职责包括标准开发、教材和学习资源开发,协助试点院校实施相关证书的考试培训。基于 1+X 证书制度试点工作的要求,树根互联股份有限公司组织行业企业技术专家、职业院校骨干教师共同编写了本书,并配套了教学资源。

编写本书的目的是希望读者通过对本书及配套教学资源的学习,能获得以下技术技能:能在工业数字孪生建模平台配置设备及网关接入信息;能创建设备及网关的物模型,并为设备物模型添加属性、指令和报警;能在工业数字孪生建模平台注册与设备实体一一对应的网关及设备物实例;能根据企业管理要求创建设备物模型的派生属性;能创建可视化项目,使用合适的组件设置可视化项目展示的信息,并为组件关联正确的数据源。

本书的编写遵循"项目导向、任务驱动、做学合一"的原则,依据 1+X 工业数字孪生建模与应用职业技能等级标准,以企业真实项目工作内容设置学习任务,并在任务中融入了工业数字孪生建模与应用相关岗位工作所需的知识点、技能点及素养点。

本书以加工生产线数字化建模和应用的工程案例为主线,根据技术深度,划分为 6 个项目,分别为体验工业数字孪生建模、接入配置设备物联、构建初级工业设备数字孪生模型、构建进阶工业设备数字孪生模型、设置单设备可视化应用项目、设置多设备可视化应用项目。此外,按照一体化教材的编写要求,还开发了学习视频、习题、电子课件等多样化配套资源,从而实现线上与线下混合式学习。

本书可作为职业院校开展 1+X 书证融通和模块化教学的教材,也可作为 1+X 证书考核强化培训的教材,还可供从事工业数字孪生建模与应用相关工程技术人员参考。

本书在编写过程中得到了三一集团有限公司与湖南三一工业职业技术学院的大力支持和帮助,在此表示衷心的感谢。

限于编者水平,书中难免存在疏漏和不足之处,恳请读者批评指正。

编 者

二维码索引

名称	图形	页码	名称	图形	页码
项目1		15	项目4		114
项目2		51	项目5		141
项目3		76	项目6		182
拓展任务		108			

目 录

前言
二维码索引

绪论 ································· 1
0.1 工业互联网概述 ············ 1
0.2 工业数字孪生简介 ·········· 4
0.3 工业数字孪生的应用场景 ··· 5

项目1 体验工业数字孪生建模 ······· 9
项目引入 ······························· 9
  1. 项目说明 ························ 10
  2. 知识准备 ························ 11
  3. 项目实施 ························ 15
  4. 课后练习 ························ 46
项目评价 ······························ 46

项目2 接入配置设备物联 ············ 47
项目引入 ······························ 47
任务1 创建模拟硬件 ··············· 48
  2.1.1 任务说明 ···················· 48
  2.1.2 知识准备 ···················· 48
  2.1.3 任务实施 ···················· 51
  2.1.4 课后练习 ···················· 54
任务2 配置物联网关南向通道 ···· 55
  2.2.1 任务说明 ···················· 55
  2.2.2 知识准备 ···················· 55
  2.2.3 任务实施 ···················· 57
  2.2.4 课后练习 ···················· 64
任务3 配置物联网关北向通道 ···· 66
  2.3.1 任务说明 ···················· 66
  2.3.2 知识准备 ···················· 66
  2.3.3 任务实施 ···················· 67

  2.3.4 课后练习 ···················· 72
项目评价 ······························ 72

项目3 构建初级工业设备数字孪生模型 ··· 73
项目引入 ······························ 73
任务1 创建工业设备的物模型 ···· 74
  3.1.1 任务说明 ···················· 74
  3.1.2 知识准备 ···················· 74
  3.1.3 任务实施 ···················· 76
  3.1.4 课后练习 ···················· 83
任务2 注册工业设备的物实例 ···· 83
  3.2.1 任务说明 ···················· 83
  3.2.2 知识准备 ···················· 84
  3.2.3 任务实施 ···················· 85
  3.2.4 课后练习 ···················· 92
任务3 设置工业设备数字孪生模型的报警 ··· 92
  3.3.1 任务说明 ···················· 92
  3.3.2 知识准备 ···················· 93
  3.3.3 任务实施 ···················· 94
  3.3.4 课后练习 ···················· 99
任务4 设置工业设备数字孪生模型的指令 ··· 99
  3.4.1 任务说明 ···················· 99
  3.4.2 知识准备 ···················· 99
  3.4.3 任务实施 ···················· 100
  3.4.4 课后练习 ···················· 107
拓展任务 机床设备的数字孪生建模实践 ··· 107
项目评价 ······························ 110

项目4 构建进阶工业设备数字孪生模型 ··· 111
项目引入 ······························ 111
任务1 设置物模型的派生属性 ···· 112
  4.1.1 任务说明 ···················· 112

4.1.2 知识准备 ……………………… 112
4.1.3 任务实施 ……………………… 114
4.1.4 课后练习 ……………………… 117
任务 2 创建复合物模型及物实例 …… 118
4.2.1 任务说明 ……………………… 118
4.2.2 知识准备 ……………………… 118
4.2.3 任务实施 ……………………… 121
4.2.4 课后练习 ……………………… 132
项目评价 …………………………………… 133

项目 5 设置单设备可视化应用项目 …… 134
项目引入 …………………………………… 134
任务 1 创建单设备可视化大屏项目 …… 135
5.1.1 任务说明 ……………………… 135
5.1.2 知识准备 ……………………… 135
5.1.3 任务实施 ……………………… 141
5.1.4 课后练习 ……………………… 142
任务 2 设计可视化大屏的基本信息 …… 143
5.2.1 任务说明 ……………………… 143

5.2.2 知识准备 ……………………… 143
5.2.3 任务实施 ……………………… 150
5.2.4 课后练习 ……………………… 160
任务 3 设置可视化大屏的报警和指令信息 … 160
5.3.1 任务说明 ……………………… 160
5.3.2 知识准备 ……………………… 161
5.3.3 任务实施 ……………………… 164
5.3.4 课后练习 ……………………… 174
项目评价 …………………………………… 174

项目 6 设置多设备可视化应用项目 …… 175
项目引入 …………………………………… 175
1. 项目说明 ……………………………… 175
2. 知识准备 ……………………………… 176
3. 项目实施 ……………………………… 182
4. 课后练习 ……………………………… 195
项目评价 …………………………………… 195

参考文献 …………………………………… 196

绪论

0.1 工业互联网概述

工业互联网是第四次工业革命的重要基石，是新一代信息技术与工业系统全方位深度融合所形成的产业和应用生态，是工业数字化、网络化、智能化发展的关键综合信息基础设施。其本质是以人、机、物之间的网络互联为基础，通过对工业数据的全面深度感知、实时传输交换、快速计算处理和高级建模分析，实现智能控制、运营优化和生产组织方式变革。

工业互联网通过人、机、物的全面互联，全要素、全产业链、全价值链的全面连接，对各类数据进行采集、传输、存储、分析并形成智能反馈，推动全新的生产制造和服务体系的形成；优化资源要素配置效率，充分发挥制造装备、工艺和材料的潜能，提高企业生产效率，创造差异化的产品并提供增值服务。工业互联网为实体经济各个领域的转型升级提供具体的实现方式和推进抓手，为产业变革赋能。

1. 工业互联网的发展历程

近年来，各国纷纷颁布相关政策推进工业互联网的发展，加大对工业互联网的投入力度，都希望通过信息技术和制造业的深度融合，实现制造业向网络化、数字化、智能化方向的发展，抢占经济发展制高点。图 0-1 所示为工业互联网发展的关键时间点。

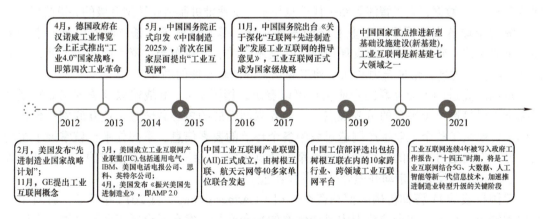

图 0-1 工业互联网发展的关键时间点

（1）美国工业互联网发展　2008 年国际金融危机之后，美国意识到"去工业化"所带来的"产业空心化"问题，将重振制造业作为长远发展的重要战略，密集而持续地出台了一系列政策与措施，包括美国政府组织实施了"先进制造业伙伴计划"，重塑"美国制造业"等。

2012年11月26日，美国通用电气公司（GE）在发布的白皮书《工业互联网：打破智慧与机器的边界》中，首次提出工业互联网的概念，并在2013年推出Predix工业互联网平台。

2014年3月，美国通用电气公司（GE）、美国电话电报公司（AT&T）、思科公司（Cisco）、国际商业机器公司（IBM）、英特尔公司（Intel）5家企业联合成立工业互联网产业联盟（IIC），推动工业互联网技术标准化和试点应用，打造工业互联网生态体系。2015年，IIC发布工业互联网参考架构，系统性界定工业互联网架构体系。2016年3月，"工业4.0"两个平台代表和工业互联网联盟在瑞士苏黎世探讨分别推出的工业4.0参考架构模型和工业互联网参考架构的潜在一致性。

（2）德国工业互联网发展　2013年的汉诺威工业博览会上，德国正式推出"工业4.0"国家战略（第四次工业革命），其核心目的是提高德国工业的竞争力，在新一轮工业革命中占领先机。2019年德国进一步提出"国家工业战略2030"发展战略，并将中美两国在"平台经济互联网公司全球独揽"作为德国工业发展的挑战之一，意在通过加大政府政策的附加力量，巩固新形成的数字化和智能化的相对优势。

（3）中国工业互联网发展　自2015年开始，国家一系列政策不断出台、加码，促进工业互联网在制造业的应用落地，推动中国工业互联网行业的发展。

2016年，由树根互联、航天云网等40多家单位联合发起，中国工业互联网产业联盟（AII）正式成立。

2017年11月底，中国国务院发布《关于深化"互联网+先进制造业"发展工业互联网的指导意见》，工业互联网正式成为国家级战略。

2020年，中国国家重点推进新型基础设施建设（新基建），工业互联网是新基建七大领域之一。

到2021年，工业互联网连续4年被写入政府工作报告，"十四五"时期，将是工业互联网结合5G、大数据、人工智能等新一代信息技术，加速推进制造业转型升级的关键阶段。

纵观全球各主要国家的工业互联网发展实践，基本形成了一条"政府引导、市场主导、企业主体、联盟支撑"的发展道路，在技术攻关、产业布局、资本服务等方面，加大产学研用合作力度，形成合力共同推动工业互联网创新发展的局面。

从国外先进的工业互联网企业实践可以看出，德国工业4.0战略以及美国工业互联网都提出了要打造一个平台的重要观点。工业互联网发展的核心载体是工业互联网平台，一方面平台聚集了整个工业生产制造过程中各个环节的要素信息，掌握住平台就掌握了主动权，另一方面通过平台的建设迭代能够牵引数据采集、网络接入、安全防护、应用开发等各产业链条协同发展，带动并提升平台的供给能力。

美国权威的IT咨询机构高德纳咨询公司（Gartner Group）自2018年开始，针对工业互联网领域，每年会在全球范围内遴选优秀的平台产品，发布《全球工业互联网平台魔力象限报告》，该报告包含了全球工业互联网平台的领先企业，目前国内具有工业互联网平台的企业中，树根互联技术有限公司的根云工业互联网平台（ROOTCLOUD），是唯一连续两年入选Gartner魔力象限报告的中国工业互联网平台。图0-2所示为2020年Gartner工业互联网平台魔力象限。

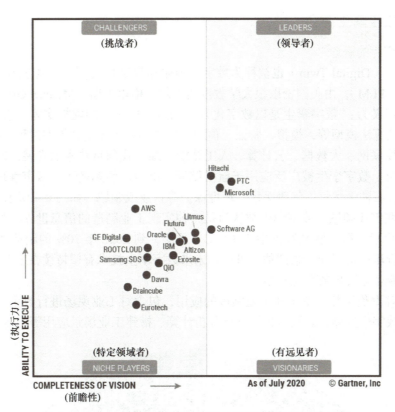

图 0-2　Gartner 发布的 2020 全球工业互联网平台魔力象限

2. 工业互联网的核心技术

工业互联网产业联盟在 2020 年发布的《工业互联网体系架构（版本 2.0）》中，明确指出，工业互联网的核心功能原理是基于数据驱动的物理系统与数字空间全面互联与深度协同，以及在此过程中的智能分析与决策优化。

虽然各国对工业互联网的定义有所区别，但在目标、方向、体系架构等方面可谓异曲同工，均强调数据与工业的深度融合。在各国的工业互联网参考架构中，数字孪生技术都被作为工业互联网技术的核心与关键，证明了数字孪生在工业互联网应用落地中的核心地位，如图 0-3 所示。

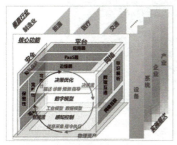

中国工业互联网体系架构2.0描述的
工业互联网功能原理图

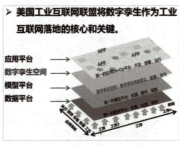

美国以数字孪生框架为核心的工业
互联网PaaS平台

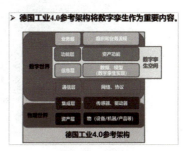

德国工业4.0参考架构

图 0-3　中国、美国、德国的工业互联网架构简图

0.2 工业数字孪生简介

1. 数字孪生的概念

数字孪生（Digital Twin）也被称为数字双胞胎和数字化映射。其概念起源于产品全生命周期管理（PLM），由美国密歇根大学教授迈克尔·格里夫斯（Michael Grieves）于2002年提出，其定义为："数字孪生是以数字化方式创建物理对象的虚拟实体，借助历史数据、实时数据以及算法模型等，模拟、验证、预测、控制物理实体生命周期过程的技术手段"。

得益于物联网、大数据、云计算、人工智能等新一代信息技术的发展，数字孪生的实施已逐渐普及。数字孪生被广泛应用于航空航天、电力、船舶航运、城市管理、汽车、建筑、制造业、石油天然气、健康医疗、环境保护等行业或领域，如图0-4所示。

特别是在工业领域，数字孪生被认为是一种实现工业制造的信息世界与物理世界交互融合的有效手段。据互联网数据中心（IDC）预测，到2022年70%的制造商将使用数字孪生技术进行流程仿真和场景评估，可见，未来数字孪生技术有望持续在工业界发挥作用，加快推动工业企业实现数字化转型。

本书内容聚焦于数字孪生在工业领域的应用，包含对工业现场进行数字孪生建模、基于物联构建数字孪生体，以及对数据进行分析计算、搭建工业场景应用等内容。

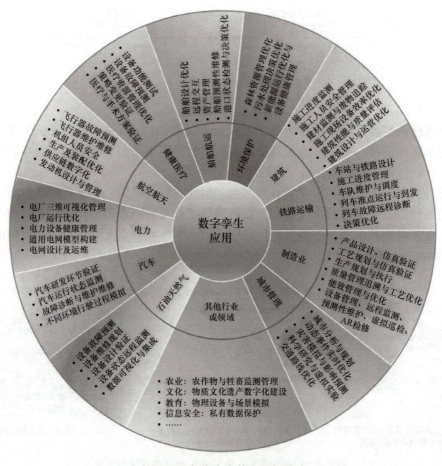

图0-4 数字孪生的应用领域

2. 数字孪生的技术特征

（1）实时双向连接　数字孪生是对真实物理产品、设备或过程的实时动态的数据化表示，即数字孪生中的物理对象和数字空间能够双向映射、动态交互和实时连接，既能通过数字镜像掌握物理对象的实时状态，也能对物理对象实施控制和发出指令，以改变产品的状态。让很多原来由于物理条件限制、必须依赖于真实的物理实体而无法完成的操作变得触手可及，从而实现对产品、设备或过程的相关要素资源的优化，并进一步激发数字化创新。

（2）持续　数字孪生和物理对象之间的互动是不间断的，贯穿产品的全生命周期。在一定的程度上用来可以直接描述它对应实体对象的状态，确保对实体对象状态的可见。更重要的是，其有助于分辨发生的事件（如质量、故障），解释事件发生的原因；能对未来可能发生的事件提供预测，从而降低企业产品创新、模式创新时的成本、时间及风险；还能持续地推动产品优化，改善客户体验，极大地驱动企业的创新行为。

（3）开放　通过数字孪生收集到的海量数据，单靠企业自身的力量来分析和挖掘其中的价值是不够的，企业需要将数据对第三方开放，借助外部合作伙伴的力量充分挖掘数字孪生的价值。

（4）互联　数字孪生的意义还包括价值链上下游企业间的数据集成以及价值链端到端的集成，本质是全价值链的协同。产品数字孪生作为全价值链的数据中心，其目标是实现全价值链的协同，因此不仅是要实现上下游企业间的数据集成和数据共享，也要实现上下游企业间的产品协同开发、协同制造和协同运维等。

3. 数字孪生与仿真的区别

数字孪生与传统的仿真（Simulation）技术都具有资源优化的能力。但是传统的仿真技术通常只是物理实体在数字空间单向和静态的映射，仅仅能以离线的方式模拟物理世界，不具备分析优化功能，主要用于提升产品设计的效率，降低物理测试成本。因此不具备数字孪生的实时双向连接和持续等特征。

相比于仿真技术，在物联网、人工智能、大数据分析等新兴技术的加持下，数字孪生通过各种技术手段对物理实体状态进行感知、诊断和预测，进而优化物理实体，同时进化自身的数字模型。数字孪生必须依托并集成其他新技术，并与传感器共同在线以保证其保真性、实时性与闭环性，数字孪生对于资源优化有着更深远的帮助。

0.3　工业数字孪生的应用场景

工业数字孪生技术可以应用到工业企业产品全生命周期的各个环节中，构建数字化运营的解决方案，包括智能研发、智能制造、智能销售、智能服务与智能运营，如图 0-5 所示。

图 0-5　工业企业产品全生命周期

1. 智能研发

在产品研发阶段，利用数字孪生可以提高设计的准确性，并验证产品在真实环境中的性能。这个阶段的数字孪生应用主要体现在以下两个方面：

（1）数字模型设计和模拟仿真　通过构建一个全三维标注的产品模型，包括三维模型设计、产品制造信息（PMI）和关联属性等，进行物理产品的几何尺寸、表面粗糙度、表面处理方法、焊接符号、技术要求、工艺注释及材料明细表等模拟仿真，进行一系列可重复、可变参数、可加速的仿真实验，验证产品在不同外部环境下的性能和表现，以保证在设计阶段就能验证产品的适应性。

（2）AI大数据研发　通过构建设备的全生命周期的数字孪生体，可以采集到海量的设备运行数据，结合设备量产前丰富的试验测试数据，使用合适的算法，进行分析和优化。打通研发、试验、机器使用数据闭环链路，缩短研发周期，加速产品创新。

图0-6所示为三一集团有限公司（以下简称三一集团）在借助设备大数据促进产品研发的一个典型案例。图中的产品为三一集团的起重机。起重机的臂架是非常核心的一个部件，臂架都有使用寿命并通过负载能力设计。臂架长时间处于满应力工作状态时，只要稍微超载就容易产生结构故障，产生安全生产隐患。每年国内外都有因起重设备在作业中出现故障而造成人员伤亡的事故发生。所以，臂架的改良和增强是起重机产品研发中重点关注的部分。

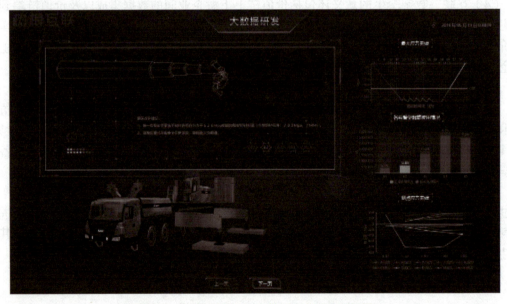

图0-6　数字孪生在AI大数据研发的应用场景

从前，研发人员只能根据一些理论分析、推算或者实验测试来改进臂架。臂架分为5段，以前的设计往往是每一段都有针对性地加强，如都用更好、更厚的钢材等，从而导致产品成本上升。同时，车辆重量增加后油耗也会增加，间接增加了用户使用成本。

而现在，通过数字孪生采集的设备实时工况大数据，研发人员可以统计并分析每一段臂架的应力曲线和超载使用情况，可以分析出，每一段臂架在实际使用时的应力和负载情况与产品设计值的差异，知道哪节臂架应力过大即超载比较严重，哪节应力比较合理。从而在后续产品设计中，针对相应段臂架进行改良设计，而不用盲目地对所有臂段都做增强措施。这不仅大大降低了研发和生产成本，更重要的是保证了终端客户的安全生产。

2. 智能制造

数字孪生在生产现场的应用非常广泛，覆盖了人、机、料、法、环各个要素。具体来说，主要体现在三个方面：

（1）生产过程仿真　在产品生产之前就可以通过虚拟生产的方式来模拟在不同产品、不同参数、不同外部条件下的生产过程，实现对产能、效率及可能出现的生产瓶颈等问题的预判，加速新产品导入过程的准确性和快速化。

（2）数字化生产线　将生产阶段的各种要素，如原材料、设备、工艺配方和工序要求，通过数字化的手段集成在一个紧密协作的生产过程中，并根据既定的规则自动完成不同条件组合下的操作，实现自动化的生产过程。同时，记录生产过程中的各类数据，为后续的分析和优化提供可靠的依据。

（3）关键指标监控和过程能力评估　通过采集生产线上的各种生产设备的实时运行数据，实现全部生产过程的可视化监控，并且通过经验或机器学习建立关键设备参数和检验指标的监控策略，对出现违背策略的异常情况进行及时处理和调整，实现稳定并不断得到优化的生产过程。

例如，三一集团基于树根互联的根云工业互联网平台（ROOTCLOUD）打造的工厂透明化管理平台，通过物联采集、视频集成、信息化系统集成等方式，对生产现场全域进行数字孪生建模，实物对象覆盖了人、车、设备、物料、成品、能耗（水、电、油、气）等。

同时，基于数字孪生提供的数据，构建了指标体系，对各个对象进行指标化评价和管理。这为决策管理人员提供了实时、准确的管理信息，提升了决策的科学性和效率；为现场管理人员提供可视化管理，通过视频叠加数据的呈现方式，对画面中实物对象（人、车、设备、物料、成品等）进行精准识别，对生产现场进行全面透视，可实现科学和全面的数字化精益管理。

3. 智能销售

在销售领域，可以基于工业数字孪生开展客户洞察与销量预测服务。客户洞察方面，基于设备使用者行为和设备实时状态数据，精准刻画优质客户群体，创造二次销售机会。销量预测方面，使用基于物联网数据、销量数据及政策因素等多因子的 AI 大数据进行市场预测，指导营销策略的制定和产销协同实施。

例如，三一集团泵送事业部是泵送机生产、营销与销售的核心部门，长期依赖传统人工经验进行销售预测，难以全面考虑行业季节性、宏观经济波动等多重影响因素，销售预测的准确率较低，产销协同困难。应用基于 AI 的大数据销量预测模型，将传统时间序列预测转化为基于大数据的趋势项的回归拟合问题，考虑行业季节性和宏观经济波动的影响，利用机器学习的回归预测中短期销量，利用统计学的回归预测长期销量。基于产品销量规律，调整不合理的行业销量，包括月销量和季节性规律。同时，预测行业销量。

4. 智能服务

随着物联网技术的成熟和传感器成本的下降，从大型装备到消费级的很多工业产品，都使用了大量的传感器来采集产品运行阶段的环境和工作状态，并通过数据分析和优化来减少甚至避免产品的故障，改善用户对产品的使用体验。在这个阶段中，数字孪生体主要有以下三方面应用：

（1）远程监控和预测性维修　通过读取智能工业产品的传感器或者控制系统的各种实

时参数，构建可视化的远程监控系统，并根据采集的历史数据构建层次化的部件、子系统乃至整个设备的健康指标体系，使用人工智能实现趋势预测。基于预测结果，对维修策略、备品/备件的管理策略进行优化，降低和避免客户因为非计划停机带来的损失和矛盾。

（2）优化客户的生产指标　对于需要依赖工业装备来实现生产的客户而言，生产参数设置的合理性及装备在不同生产条件下的适应性决定了客户产品的质量等级和交付周期的长短。工业装备厂商可以通过采集海量数据，构建针对不同应用场景、生产过程的经验模型帮助客户优化参数设置，改善客户的产品质量和生产效率。

（3）产品使用反馈　通过采集智能工业产品的实时运行数据，工业装备厂商可以洞悉客户对产品的真实需求，不仅能够帮助客户缩短新产品的导入周期，避免因产品错误使用导致的故障，提高产品参数设置的准确性，更能够精确把握客户的需求，从而避免研发决策失误。

5. 智能运营

当产品报废或回收后，该产品数字孪生体包括的所有模型和数据都将成为同种类型产品组历史数据的一部分进行归档，为下一代产品的设计改进和创新、同类型产品的质量分析及预测、基于物理的产品仿真模型和分析模型的优化等提供数据支持。

项目 1　体验工业数字孪生建模

项目引入

某企业是机械加工的生产企业,近年来管理团队谋求在行业中提高其竞争力,保持优势,拟实施企业的数字化转型。试点数字化转型的一条自动加工生产线,包含了工业机器人和数控机床,如图 1-1 所示。

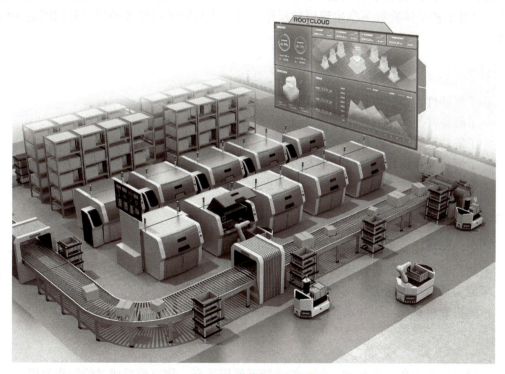

图 1-1　自动加工生产线

该加工生产线的加工流程关键环节如下:
1)工序 1:工业机器人从原料仓库抓取毛坯件,数控机床安全门自动打开。
2)工序 2:工业机器人将毛坯件搬运至数控机床的自动夹盘内。
3)工序 3:夹盘自动夹紧毛坯件,工业机器人退出。
4)工序 4:数控机床安全门关闭,并根据工艺流程开始对毛坯件进行加工。
5)工序 5:加工完毕,数控机床安全门打开。
6)工序 6:工业机器人抓取加工完成的成品件放置在成品仓库。

自动加工生产线不断重复以上各工序过程，对毛坯件进行加工，直至原料仓库的毛坯件加工完毕，完成既定的生产任务。

企业希望通过把以上自动加工生产线进行数字化转型，便于生产信息化管理和生产精益化管理，最终提高生产效能。经过市场全方位对比分析，最终使用根云工业互联网平台，对整个生产流程进行数字孪生技术的应用。工业数字孪生建模与应用工程师需要把整体改造工程拆分为不同的项目，然后分步实施，重点环节如下：

（1）设备物联设置　把工业机器人、数控机床、网关等设备在根云工业互联网平台上进行物联接入配置。

（2）数字孪生建模　在根云工业互联网平台上，对接入的设备进行数字孪生建模。

（3）可视化配置　配置可视化监控大屏，实时显示生产线运行状态和生产情况等信息，以便对生产线进行监控和分析决策。

基于以上案例分步实施过程中的不同工作内容，本书共设置了6个项目。本项目作为工业数字孪生建模与应用的入门，主要介绍工业互联网和数字孪生技术的基本概念与应用场景，设置了初步体验数字孪生建模的操作任务，为后续项目任务的学习起到铺垫和引导作用。

【知识目标】

- 了解硬件设备、物模型和物实例的创建流程。
- 了解硬件与实例的连接方法。
- 了解验证数据的步骤。
- 了解可视化应用项目的搭建与发布。
- 熟悉根云工业数字孪生建模平台的操作界面。

【能力目标】

- 能用快速体验方式创建硬件设备、网关模型、设备模型、网关实例、设备实例。
- 能把硬件与实例进行连接。
- 能验证数据是否上传成功。
- 能搭建可视化应用并发布。

【素质目标】

- 通过创建设备、模型和实例，养成规范使用平台、规范检验成果的操作习惯。
- 具备遵守课堂纪律，正确操作平台的意识。
- 保持求知好学、热情上进的学习态度。

1. 项目说明

该项目主要是让学员使用根云工业数字孪生建模平台创建模型；根据模型来创建设备实例；将物理设备与虚拟实例相连接，形成数字镜像。通过虚拟实例的可视化可以展示物理世界中设备的实时状态。整体流程如图1-2所示。

项目1 体验工业数字孪生建模

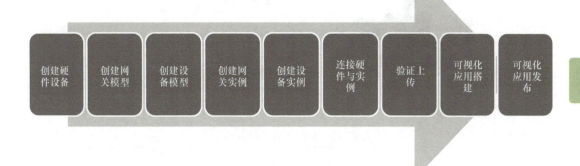

图 1-2　完成一个工业数字孪生建模及应用项目的流程示意图

2. 知识准备

（1）登录界面　在开始实操任务之前，首先介绍根云工业数字孪生建模平台的操作界面，主要包括登录界面、首页界面以及各界面的功能介绍。

首先打开浏览器，在浏览器地址栏中输入"https://edu.rootcloud.com"，按 <Enter> 键即可进入根云教育平台官网，如图 1-3 所示。在官网首页，单击"请登录"按钮，进入如图 1-4 所示的登录界面。

图 1-3　登录界面

在登录界面输入接收到的"根云教育"账号开通短信的手机号，初始密码默认为"School@123"，单击"登录"即可进入到首页界面，如图 1-5 所示。如果是第一次登录会提示重置密码，重置密码后再次使用新密码登录即可进入首页界面。

图 1-4　输入登录信息

图 1-5　教育平台首页界面

在首页界面，将光标移动到用户头像上，会看到用户中心选项，包含"单位名称""个人中心""修改密码""退出登录"，如图 1-6 所示。单击"课程"按钮，可以进入到"课程"界面。

图 1-6　首页界面的用户中心操作示意

进入"课程"界面后，可以看到所有的课程卡片，单击某个课程卡片，可以进入该课程卡片对应的课程内容，如图1-7所示。

图1-7 "课程"界面

进入课程卡片对应的课程内容之后，会显示"课程详情"界面，如图1-8所示。在"课程详情"界面中，单击"课程概述"按钮，可以查看课程的详细介绍；单击"课程目录"按钮，可以查看使用课程配套学习资源；还可以单击"硬件设备""工业数字孪生建模""可视化应用"中的任一按钮，分别可进入工业数字孪生建模平台的不同应用模块进行操作和学习。

图1-8 "课程详情"界面

（2）操作界面 工业数字孪生建模平台的"硬件设备"应用模块的操作界面如图1-9所示，单击"新增硬件设备"按钮，可以创建一个接入工业数字孪生建模平台的物理硬件设备。

图1-9 "硬件设备"界面

在"课程详情"界面中单击"工业数字孪生建模"按钮,可进入"工业数字孪生建模"界面,通过工业数字孪生建模可以构建硬件设备的"物模型"(本书的项目2中将会对"物模型"进行详细介绍),如图1-10所示。

图1-10 "物模型"界面

通过"物模型"可实例化相应的"物实例"(本书的项目2中将会对"物实例"进行详细介绍),"物实例"即为真实物理世界中的硬件实体在虚拟空间的映射,如图1-11所示。

在"课程详情"界面中单击"可视化应用"按钮,进入"可视化应用"界面。在"可视化应用"界面中可实时、准确地对设备和生产线进行可视化管理。

项目1 体验工业数字孪生建模

图 1-11 "物实例"界面

在"项目列表"界面中，可以使用系统自带的模板来创建可视化界面，也可以根据项目需求进行个性化创建，如图 1-12 所示。在"素材管理"界面中，系统已经内置了大量常用界面搭建素材，也支持用户上传自定义的素材，如图 1-13 所示。

图 1-12 "项目列表"界面

3. 项目实施

（1）创建硬件设备

1）如图 1-14 所示，在"课程详情"界面中单击"硬件设备"按钮，进入"硬件设备"界面。

图 1-13 "素材管理"界面

图 1-14 "课程详情"界面

注意： 每个课程卡片中都有对应的平台入口，后续可由任一课程卡片进入需要练习的模块。

2)在"硬件设备"界面中单击"新增硬件设备"按钮,创建硬件设备,如图1-15所示。

图1-15 "硬件设备"界面

注意:首次进入"硬件设备"界面创建模拟设备,"硬件列表"中会显示为空。若非首次创建,则可查看创建模拟硬件的历史信息。

3)在弹出的"新增硬件设备"对话框中,单击"快速体验"——→"确定"按钮,快速创建一个新的硬件设备,如图1-16所示。

图1-16 "新增硬件设备"对话框

4)上一步完成后,系统会跳转到"新增硬件设备"界面,进行基本信息确认,如图1-17所示。在该界面可以使用默认设置,也可以修改里面的"硬件名称"(本示例把"硬件名称"改为了"工业机器人-快速体验-学员姓名01")"品牌""设备型号"等信息,单击"创建"按钮,进入下一步。

图 1-17 硬件设备基本信息的填写

注意：在本书使用的工业数字孪生建模平台中，每个单位创建的硬件名称不能同名，故而在使用过程中，建议在创建的硬件名称后加姓名后缀或者统一规定命名规则。例如：学员创建的第一台工业机器人硬件设备，填写该设备的硬件名称为"工业机器人硬件-学员姓名01"，后续创建的硬件名称以此类推。

5）如果设备创建成功，系统会返回"硬件设备"界面，并显示新增设备信息，如图1-18所示。

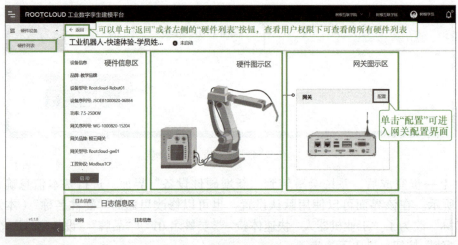

图 1-18 显示新增设备信息

6）在"硬件设备"界面中单击"返回"或单击"硬件列表"按钮，进入"硬件列表"界面，可以看到创建好的硬件名称、品牌、型号等信息。

如果要查看某个硬件的设备信息，可以在列表中单击对应的"查看"按钮，如图1-19所示。

图1-19 "硬件列表"界面

（2）创建网关模型

1）从系统中进入"工业数字孪生建模"界面创建网关模型有两种操作方法，第一种操作：在"课程详情"界面中单击"工业数字孪生建模"按钮，如图1-20所示；第二种操作：通过系统中当前操作界面左上角的快速切换入口，单击"工业数字孪生建模"，如图1-21所示。

图1-20 "课程详情"界面

图 1-21　系统快速切换操作界面

2）在"工业数字孪生建模平台"界面中，确保左边列表选择的是"物模型"按钮，然后单击"创建"按钮，进入如图 1-22 所示的界面。

图 1-22　"物模型"界面

3）在"物模型"界面单击"网关"按钮，在"模型名称"文本框中输入"网关模型-树根学员 01"，如图 1-23 所示，单击"创建"按钮，进入模型信息的设置界面（图 1-24）。

图 1-23　"创建物模型"界面

注意：在本书使用的工业数字孪生建模平台中，每个单位创建的物模型（包括网关、设备、复合物）和物实例（包括网关、设备、复合物）名称不能同名，故而在使用过程中，建议在创建模型或注册实例时，在对应的名称后加姓名后缀或者统一规定命名规则。例如：学员创建第一个网关模型，可以填写该网关的模型名称为"网关模型-学员姓名01"，后续创建的其他模型名称或者实例名称以此类推。

4）在模型信息的设置界面中单击"发布"按钮，完成模型创建，如图1-24所示。

图 1-24　模型信息界面

5）发布模型后，可以在当前界面单击"返回"或"物模型"按钮，回到"物模型"界面，如图1-25所示的界面。

图 1-25　返回"物模型"界面

6）返回"物模型"界面后，选择"网关"，可以看到创建的网关物模型列表。如果想要查看某个网关物模型具体信息，可以在该界面单击该模型对应的"查看"按钮，如图1-26所示。

图 1-26 "物模型"界面

（3）创建设备模型

1）从"课程详情"界面或者从当前界面的快速切换入口进入"物模型"界面，单击"创建"按钮，如图 1-27 所示。

图 1-27 进入"创建物模型"界面

2）如图 1-28 所示，在弹出的"创建物模型"界面中单击"设备"按钮，弹出如图 1-29 所示的界面。

图 1-28 创建设备物模型

3）如图 1-29 所示，"物模型"单击左侧"快速体验"下的"创建"按钮，弹出如图 1-30 所示的界面。

图 1-29 通过"快速体验"创建物模型

4)如图 1-30 所示,设置联网方式为"非直连","模型名称"为"设备物模型-树根学员 01","分类"需根据实际要创建的设备来选择,本示例选择"工业机器人"中的"搬运机器人",最后单击"创建",如图 1-30 所示。

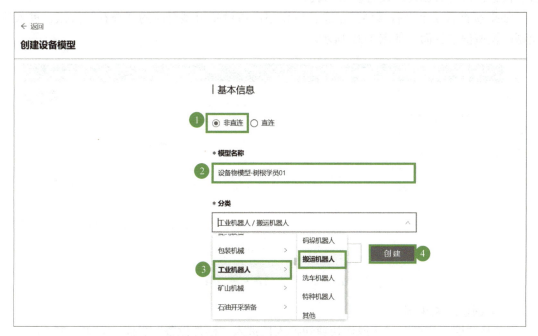

图 1-30 创建设备模型的基本信息填写

注意:"非直连"指需要借助工业网关实现设备联网的工业设备类型,"直连"则指自带通信能力的工业设备,可直接实现联网。

5)创建成功后,会跳转到设备模型信息的设置界面,单击"发布",完成设备物模型的创建,如图 1-31 所示。

图 1-31 发布设备物模型

6）模型发布后，可以通过单击左侧"物模型"按钮回到"物模型"界面，选择"设备"按钮，可查看创建的设备模型列表。

如果想查看某个设备模型的信息，可以单击该设备模型对应的"查看"按钮，进入该模型的模型信息界面，如图 1-32 所示。

图 1-32 查看设备物模型信息

（4）创建网关实例

1）从"课程详情"界面或者快速切换入口进入"硬件设备"界面，如图 1-33 所示。

2）进入"硬件设备"界面后，单击"工业机器人 - 快速体验 - 学员姓名 01"对应的"查看"按钮，如图 1-34 所示。

3）复制该设备的网关序列号，注册网关实例需用到该网关序列号，如图 1-35 所示。

4）从"课程详情"界面或快速切换入口进入"工业数字孪生建模"界面，如图 1-36 所示。

项目1　体验工业数字孪生建模

图 1-33　快速切换入口

图 1-34　"硬件设备"界面

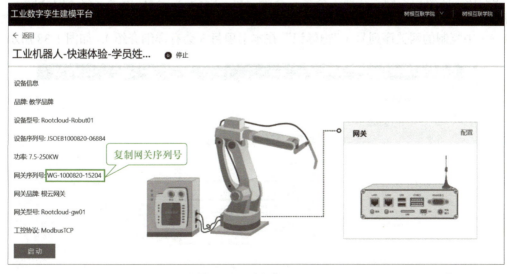

图 1-35　设备信息界面

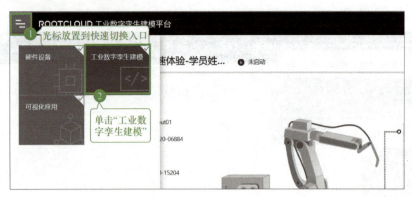

图 1-36　快速切换入口

5）在"工业数字孪生建模"界面单击左侧"物实例"按钮，单击"注册"按钮，进入"注册物实例"界面，如图 1-37 所示。

图 1-37　物实例界面

6）在"注册物实例"界面中设置"类型"为"网关"，"选择模型"为"网关模型 - 树根学员 01"，"实例名称"为"网关实例 - 树根学员 01"，在"物标识"文本框中粘贴操作步骤 3）中复制的网关序列号（"物标识"在本书项目 3 会有详细介绍），如图 1-38 所示。

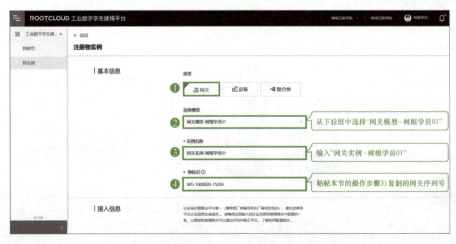

图 1-38　"注册物实例"界面中的基本信息填写

7）在"注册物实例"界面中的"接入信息"中，设置"认证标识"与"认证密钥"均为"随机生成"按钮，"SIM 卡 IMSI 号"可无须设置，最后单击"注册"按钮，如图 1-39 所示。

注意：在实际场景中，通过三大运营商的 SIM 卡实现设备联网的网关或设备，需要填写 SIM 卡的 IMSI 号，本例中无须填写。

图 1-39 "注册物实例"界面中的接入信息填写

8）注册成功后，会自动跳到物实例信息的设置界面，可单击"返回"，进入"物实例"界面，如图 1-40 所示。

图 1-40 返回"物实例"界面

9）进入"工业数字孪生建模"的"物实例"界面后，确保左侧列表选择"物实例"，单击"网关"按钮即可查看到刚刚创建的网关实例，如图 1-41 所示。

工业数字孪生建模与应用

图 1-41 "物实例"界面

（5）创建设备实例

1）从"课程详情"界面或快速切换入口进入"硬件设备"界面，如图 1-42 所示。

图 1-42 快速切换入口

2）进入"硬件设备"界面后，单击"工业机器人 - 快速体验 - 学员姓名 01"对应的"查看"按钮，如图 1-43 所示。

图 1-43 "硬件设备"界面

3）复制该设备的设备序列号，注册设备实例需用到该设备序列号，如图1-44所示。

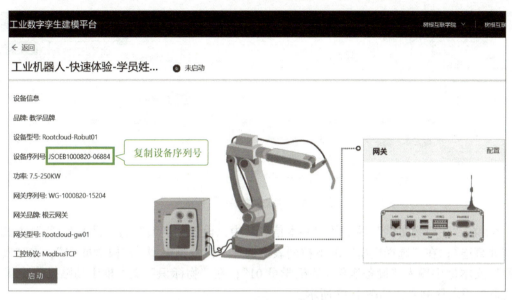

图1-44 硬件设备信息界面

4）从"课程详情"界面或快速切换入口进入"工业数字孪生建模"界面，如图1-45所示。

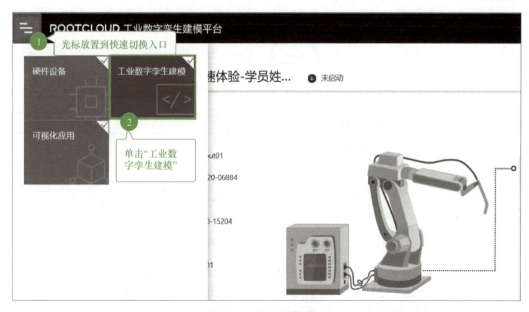

图1-45 快速切换入口

5）在"工业数字孪生建模"界面中单击"物实例"——"注册"按钮，进入"注册物实例"界面，如图1-46所示。

图 1-46 "注册物实例"界面

6）在"注册物实例"界面的"基本信息"中，设置"类型"为"设备"，物联方式选择"非直连"；在"选择模型"的下拉列表中选择"设备物模型 - 树根学员 01"；在"实例名称"文本框中输入"设备实例 - 树根学员 01"；在"物标识"文本框中粘贴操作步骤3)中复制的设备序列号，如图 1-47 所示。

图 1-47 "注册物实例"界面中的基本信息填写

7）在"注册物实例"界面的"接入信息"中，设置"关联网关"为"网关实例 - 树根学员 01（WG-1000820-15204）"；"通信标识"是根据前一个步骤填入的"物标识"自动生成的，无须手动填写。最后单击"注册"按钮，如图 1-48 所示。

8）注册成功后，会自动跳到物实例的信息设置界面，可单击"返回"，回到"物实例"界面，如图 1-49 所示。

9）在"物实例"界面中，单击"设备"按钮，可查看创建的设备实例列表。如果要查看某个设备的实例信息，可以单击其对应的"查看"按钮，如图 1-50 所示。

图 1-48 "注册物实例"界面中的接入信息填写

图 1-49 物实例的信息设置界面

图 1-50 查看设备的实例信息

（6）连接硬件与实例

1）通过"课程详情"界面或快速切换入口进入"硬件设备"界面，单击"工业机器人-快速体验-学员姓名01"对应的"查看"按钮，如图1-51所示。

图1-51 "硬件列表"界面

2）进入设备信息界面，单击"网关"右侧的"配置"按钮，进入"网关配置"界面，如图1-52所示。

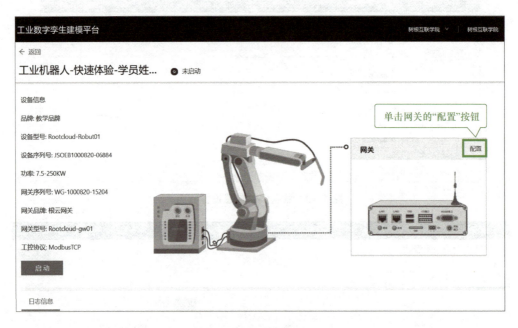

图1-52 设备信息界面

3）首次进入"网关配置"界面时，会自动填入配置信息，后续进入则不会出现配置信息，需单击"读取配置"才可进行查看，如图1-53所示。

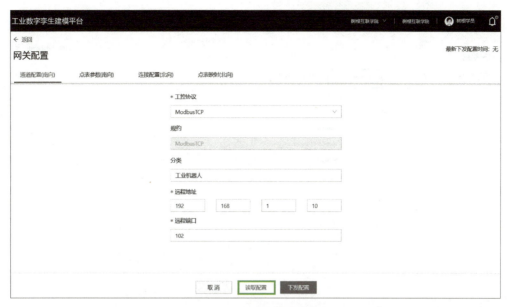

图 1-53 "网关配置"界面

4)在"网关配置"界面中,单击"点表参数(南向)"按钮,可查看对应配置,如图 1-54 所示。

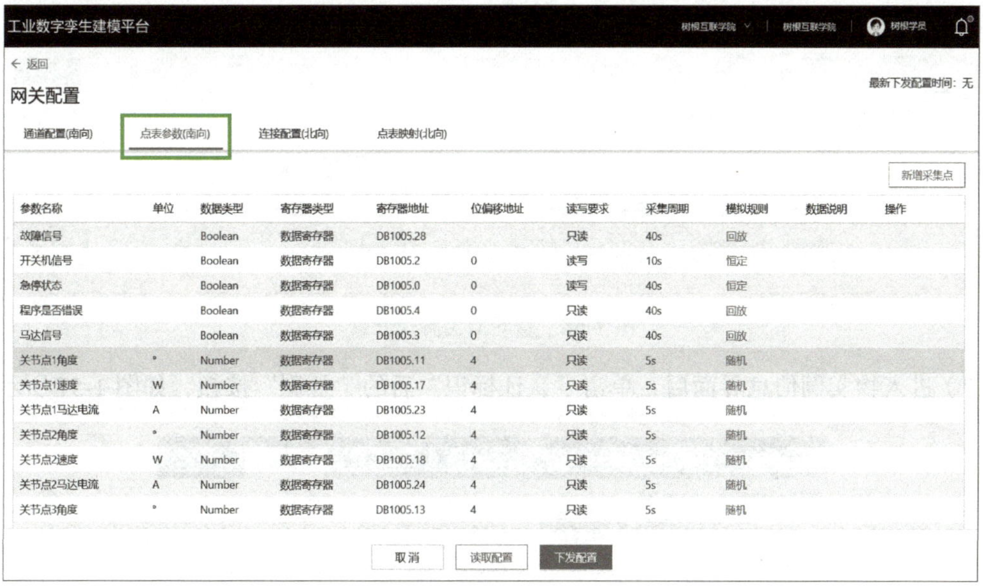

图 1-54 "点表参数(南向)"网关配置

5)在"网关配置"界面中,单击"连接配置(北向)"按钮,可查看对应配置。在本例中,此处有 3 个参数需要修改,分别是"Client ID""用户名""密码"。其中"Client ID"和"用户名"均对应的是物实例的"认证标识";"密码"对应的是物实例的"认证密钥",如图 1-55 所示。

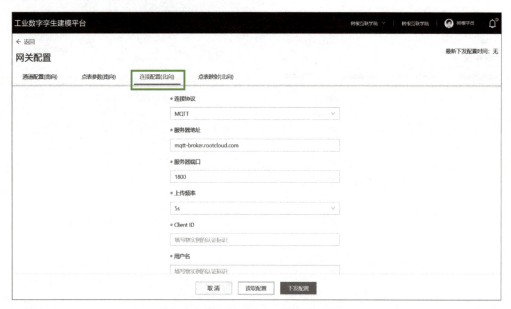

图 1-55 "连接配置（北向）"网关配置

6）通过"课程详情"界面进入"工业数字孪生建模平台"界面，选择"网关实例 - 树根学员 01"，单击其对应的"查看"按钮，进入物实例信息界面，如图 1-56 所示。

图 1-56 查看网关实例信息

7）进入物实例信息界面后，单击"认证标识"后的"复制"按钮，如图 1-57 所示。

图 1-57 网关实例信息界面

8）回到操作步骤5）中的网关配置界面，把上一步骤复制的物实例的认证标识粘贴到"Client ID"和"用户名"的文本框中，如图1-58所示。

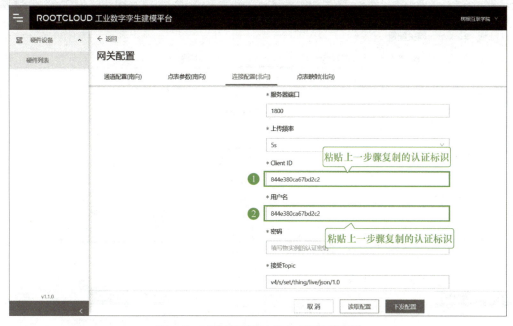

图1-58 "连接配置（北向）"网关配置

9）以同样的操作方法复制"网关实例-树根学员01"的认证密钥，如图1-59所示。

图1-59 网关实例信息界面

10）回到操作步骤5）中的"网关配置"界面中，把上一步骤复制的物实例的认证密钥，粘贴到"密码"的文本框中。最后单击"下发配置"按钮，即配置网关成功，如图1-60所示。

图 1-60　完成网关配置

11）在"网关配置"界面中，单击"点表映射（北向）"按钮，可查看对应配置，如图 1-61 所示。

图 1-61　"点表映射（北向）"网关配置

12）单击"返回"按钮，回到设备信息界面，如图 1-62 所示。

图 1-62　设备信息界面

（7）验证数据是否上传

1）在"工业机器人 - 快速体验 - 学员姓名 01"的设备信息界面中单击"启动"按钮，启动硬件设备，如图 1-63 所示。

图 1-63　启动硬件设备

2）设备启动成功后，如图 1-64 所示。

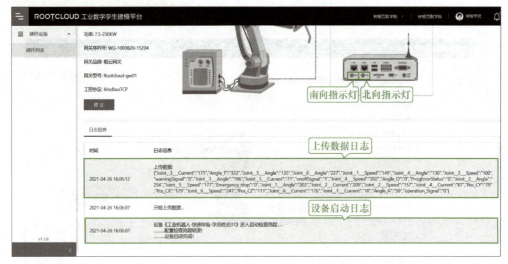

图 1-64　设备启动成功界面

3）通过"课程详情"界面或快速切换入口进入"工业数字孪生建模平台"界面，可以看到"网关实例 - 树根学员 01"为在线状态，说明网关联网成功，如图 1-65 所示。

图 1-65　网关联网成功界面

4）单击"设备"按钮，可以看到"设备实例 - 树根学员 01"为在线状态，说明设备联网成功，如图 1-66 所示。

图 1-66　设备联网成功界面

5）单击"设备实例-树根学员01"对应的"查看"按钮，进入物实例信息界面，如图1-67所示。

图1-67 查看设备物实例信息

6）在物实例信息界面中查看"运行工况"，如果有数据显示，且数据有变化，说明数据上传成功，如图1-68所示。

图1-68 物实例信息界面的"运行工况"

（8）可视化应用搭建

1）在"课程详情"界面单击"可视化应用"按钮，进入"可视化应用"界面；也可以从快速切换入口进入"可视化应用"界面，如图1-69所示。

2）在"可视化应用"界面中单击系统自带的"工业机器人可视化监控模板"中的按钮，可直接使用该模板，如图1-70所示。

3）输入可视化应用的项目名称后，单击"确定"按钮，如图1-71所示。

图 1-69 "课程详情"界面

图 1-70 "可视化应用"界面

图 1-71 创建可视化应用项目

注意：在本书使用的工业数字孪生建模平台中，每个单位创建的可视化项目的名称不能同名。使用过程中，建议在可视化项目名称后加姓名后缀或者统一规定命名规则。例如：学员要创建第一个加工生产线的可视化项目，可以填写该可视化项目名称为"加工生产线可视化-树根学员01"。

4）可视化应用项目创建成功后的界面如图 1-72 所示。

图 1-72 "可视化应用快速体验"界面

5)把"可视化应用快速体验"界面右侧的"属性"切换到"数据源",设置"模型类型"为"设备","物模型"为"设备物模型 - 树根学员 01","物实例"为"设备实例 - 树根学员 01",单击"保存"按钮,如图 1-73 所示。本操作是把可视化项目的数据源进行关联。

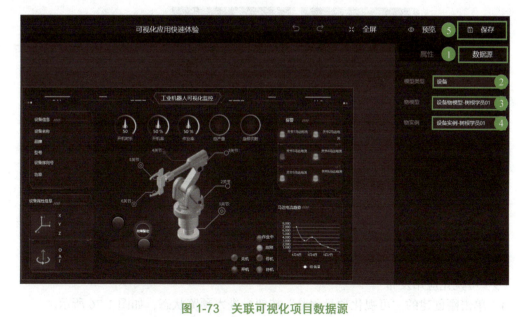

图 1-73 关联可视化项目数据源

6)单击界面左上角的"<"按钮,返回到可视化应用界面,如图 1-74 所示。

图1-74 返回"可视化应用"界面

7)回到"可视化应用"界面后,可以查看创建完成的可视化项目,如图1-75所示。

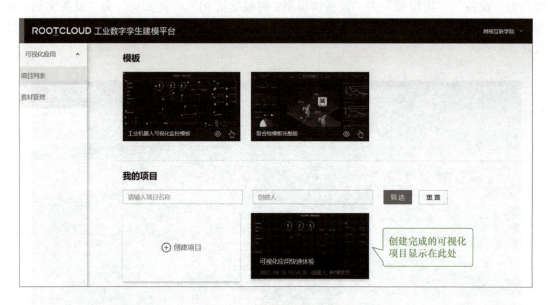

图1-75 "可视化应用"界面

(9)可视化应用发布

1)单击刚创建的"可视化项目预览"按钮,进入预览状态,如图1-76所示。
2)复制项目在预览状态下的链接地址,如图1-77所示。
3)通过"课程详情"界面进入"工业数字孪生建模"界面,如图1-78所示。

项目 1　体验工业数字孪生建模

图 1-76　进入可视化项目预览界面

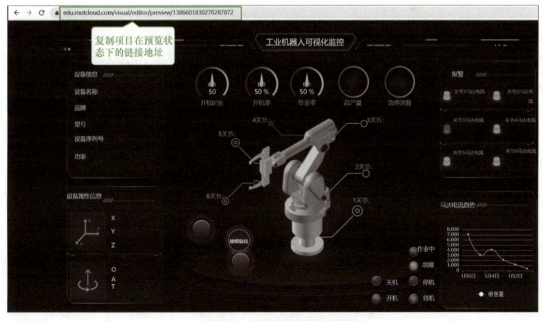

图 1-77　可视化项目预览界面

图 1-78 "课程详情"界面

4）在"工业数字孪生建模"界面中单击"物模型"——→"设备"按钮，再单击"设备物模型-树根学员01"对应的"查看"按钮，如图1-79所示。

图 1-79 设备物模型界面

5）进入在设备物模型信息界面，单击"修改模型"按钮，进入模型编辑态，如图1-80所示。

图 1-80 设备物模型信息界面

6）单击"可视化应用"右侧的"编辑"按钮，如图1-81所示。

图1-81　编辑关联可视化应用

7）把操作步骤2）中复制的链接地址，粘贴到弹出的"修改可视化应用"对话框中，单击"确定"按钮，如图1-82所示。

图1-82　修改可视化应用

8）单击界面右上角的"更新发布"，完成可视化应用项目的发布，如图1-83所示。

图1-83　发布可视化应用项目

4. 课后练习

请参考本项目的操作步骤，按以下要求独立完成一个智能电表的工业数字孪生建模及应用项目。

1）通过"快速体验"方式创建硬件模型、网关模型、设备模型、网关实例、设备实例，均命名为"智能电表 - 姓名"。

2）连接硬件与实例，验证数据是否上传成功。

3）搭建并发布可视化应用。

项目评价

序号	考核技能点	评分标准	分值	得分
1	创建硬件设备	成功创建并启动硬件设备	10	
2	创建网关模型	成功创建并发布网关物模型	10	
3	创建设备模型	成功创建并发布设备物模型	10	
4	注册网关实例	成功注册并发布网关物实例，物标识使用的是网关序列号	15	
5	注册设备实例	成功注册并发布设备物实例，物标识使用的是设备序列号	15	
6	连接硬件与实例，并完成验证上数	1）成功连接硬件设备与物实例，硬件设备的"Client ID""用户名"和"密码"配置正确 2）学生能够对比相同时间戳下，硬件设备的日志信息的数据与实例的工况数据，并验证其数据的正确性	20	
7	搭建可视化应用	1）成功创建可视化项目 2）关联可视化项目的数据源 3）发布可视化项目	20	
		小计	100	

项目 2　接入配置设备物联

项目引入

数字孪生有实时双向连接的特征,意味着物理设备需要接入网络,才能实现与数字孪生体之间进行数据双向实时同步。而设备接入网络的过程及状态,称之为设备物联。

本项目的工作内容是企业生产数字孪生改造工程的第一步,也就是把加工生产线包含的设备进行设备物联,之后才能开展数字孪生建模工作。在本项目中,需要工业数字孪生建模与应用工程师在根云工业数字孪生建模平台上创建硬件设备,并完成物联网关南向配置和物联网关北向配置。

【知识目标】

- ◆ 了解设备物联结构。
- ◆ 了解常用的工业通信协议。
- ◆ 了解常用的物联网通信协议。
- ◆ 熟悉物联网关的作用及功能。
- ◆ 熟悉网关连接设备(南向)的主要方式及各自适用场景。
- ◆ 熟悉网关连接网络(北向)的主要方式及各自适用场景。

【能力目标】

- ◆ 能使用工业数字孪生建模平台的硬件设备模块完成指定设备及网关的创建与接入配置。
- ◆ 能配置网关南向通道及点表参数,实现网关与硬件设备的数据传输交互。
- ◆ 能配置网关北向通道及点表映射,实现网关与云端平台的数据传输交互。
- ◆ 能下发配置,实现网关与设备联通。

【素质目标】

- ◆ 养成独立思考、解决问题的能力,养成科学的思维方式。
- ◆ 具备较强的逻辑分析能力。
- ◆ 具有动手实践的操作意识。
- ◆ 养成规范、有序的平台操作习惯。

任务1　创建模拟硬件

2.1.1　任务说明

本任务要求熟悉工业设备物联接入的主要方式、物联网关的作用及功能，并能使用工业数字孪生建模平台上的硬件设备模块完成指定设备及网关的创建与接入配置。

2.1.2　知识准备

1. 可物联的工业设备

工业是立国之本、强国之基，新中国成立 70 多年来，中国工业走过了发达国家几百年的工业化历程。根据世界银行的数据显示，2010 年中国制造业增加值超过美国成为第一制造业大国。在工业体系方面，截至 2019 年年底，中国已拥有 41 个工业大类，207 个工业中类，606 个工业小类，成为全世界唯一拥有联合国产业分类中全部工业门类的国家。全球 500 多种主要工业产品中，中国有 220 多种的产量居全球第一。

所有工业门类中涉及的生产和非生产设备，都可以进行物联，建立数字孪生体，举例如下：

1）煤炭、石油等大型开采设备，计量水、电、油、气的仪表等。

2）日常生活中接触到的各类特种车辆，如挖掘机、农用机械、消防车、环卫车、老年代步车等；特种设备，如电梯、起重机械等。

3）工业设施，如污水处理站、空压站。

4）工厂中使用的各类设备，如目前自动化工厂建设中使用最为广泛的工业机器人，被称为"工业母机"的机床、生产各种塑料制品的注塑机、生产汽车零部件的压力机等。

5）仓储物流中使用的运输车辆、叉车、AGV 小车、立体货架等。

总之，在工业互联网时代，万物互联，万物皆可数字化。

2. 设备物联结构

一台设备要实现物联，接入工业互联网平台，整体结构大体上分为三个层次，分别是设备层，网络层和平台层，如图 2-1 所示。

（1）设备层　即设备本身，包含了机械部件、动力部件和控制部件等。从设备采集数据，向设备下发指令，一般是需要与设备的控制部件，也就是常说的控制器进行连接的。设备层除设备本身外，一般还会包含物联网关。

（2）网络层　设备接入工业互联网平台所采用的网络服务，常见的有以太网、Wi-Fi、移动通信网络（2G/4G/5G）等。

（3）平台层　工业互联网平台，负责接收和处理设备发送的数据，同时将用户下发的指令发送至设备层。工业互联网平台一般包含 IoT Hub（物联网通信）和数字孪生建模功能。

3. 物联网关介绍

除了一些特别设计加装了网络模组的设备可以直接接入工业互联网平台外，绝大多数工业设备，特别是老旧设备，都不具备直接联网的基础，这些无法直接联网的设备要接入工业互联网平台，就需要借助物联网关。

项目 2　接入配置设备物联

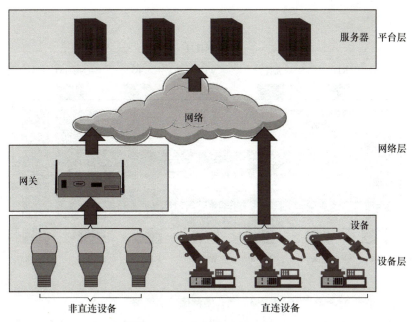

图 2-1　物联网构成主要要素

物联网关就是设备与工业互联网平台之间的桥梁，它一端连接设备，另一端连接工业互联网平台。物联网关既能理解设备的语言（工控协议），也能把设备的语言翻译成互联网平台的语言（物联网协议），并发送至工业互联网平台，反之亦然。因此物联网关是设备与工业互联网平台之间实现双向连接的关键要素。物联网关的实体图如图 2-2 所示。

图 2-2　物联网关实体图

4. 物联网关主要功能

物联网关是一款采用嵌入式硬件的计算机设备，具有多个下行通信接口，用于连接设备；一个或多个上行网络接口，用于连接工业互联网平台。

行业内，按照上北下南的规则，把连接设备这一侧的接口，称之为南向接口，把连接网络这一侧的接口称之为北向接口。图 2-3 所示为网关通信接口示意图。

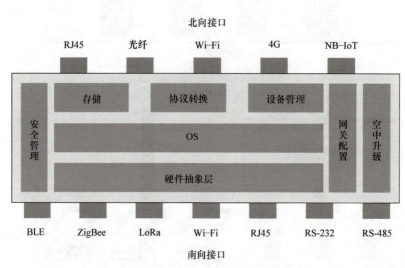

图 2-3　网关通信接口示意图

物联网关能够实现桥梁作用的关键,就是具有协议转换功能,这是物联网关最核心、最重要的功能。此外,针对不同的应用场景,物联网关还能有存储功能、安全管理、设备管理、网关配置、空中升级(OTA)等功能。随着技术的发展和应用的深入,目前有越来越多的网关具备数据分析处理功能,也就是边缘计算能力。

(1) 协议转换功能　协议转换功能是物联网关能够实现搭建桥梁的关键。设备使用的控制器如工控机、PLC等,一般都采用私有的或专用的工控协议。常见的标准工控协议有Modbus、ProfiBus、OPC UA 和 BACnet 等,网关与设备连接时,需要对这些协议进行解析。而北向连接互联网,使用的一般是物联网协议,如 MQTT、CoAP 等协议,网关需要将从设备获取的数据封装为物联网协议所需的数据包格式,才能发送到工业互联网平台。

因此,物联网关类似物联网世界里的同声传译员,把设备的语言翻译成工业互联网平台理解的语言,并进行双向数据传输。

反过来,当需要从工业互联网平台向设备下发指令时,物联网关会使用物联网协议与工业互联网平台通信,接收包含指令信息的数据包,然后将数据包转换为设备控制器使用的工控协议对应的数据格式,并发送至设备。

(2) 数据分析功能　随着工业互联网的发展,海量的设备接入网络,随之而来的,是更加海量的数据源源不断地产生,并上传到工业互联网平台。这对工业互联网平台是很大的挑战,一方面是极大地消耗网络带宽资源;另一方面,网络连接的不确定因素很多,网络的不稳定性会导致数据的质量难以保证,特别是不可控的时延,会对业务应用造成很大影响。

当前行业内已经开始将工业互联网平台的部分计算服务,下沉到更靠近数据发生的"边缘设备"上进行,这就是边缘计算。而物联网关是最轻量级的边缘计算解决方案。目前,一些物联网关具备完成初步的数据处理和及时响应计算任务的能力。物联网关的数据分析功能具有低时延、节约带宽资源、可靠性好、隐私性好等优点。

2.1.3 任务实施

1. 新增工业机器人设备

1)选择一类工业机器人,了解此类设备的基本信息、主要用途等内容。

2)登录根云教育平台,在首页单击"课程"按钮,进入"课程"界面,如图 2-4 所示。

图 2-4 "课程"界面

3)单击任一课程卡片,进入"课程详情"界面,单击"硬件设备"按钮,进入硬件设备界面,如图 2-5 所示。

图 2-5 "课程详情"界面

4)单击"新增硬件设备"按钮,如图 2-6 所示。

工业数字孪生建模与应用

图 2-6 新增硬件设备

5）在弹出的"新增硬件设备"对话框中单击"自定义新增"按钮，在下拉列表中选择"工业机器人"，然后单击"确定"，如图 2-7 所示。

图 2-7 "新增硬件设备"对话框

注意：自定义新增已预置的机床、工业机器人、智能电表等模板以便快速创建同类型设备。若想新创建设备，则选择"全新创建"。

6）工业机器人模板已预置硬件基本信息，将硬件名称修改为"工业机器人 01- 姓名"，单击"创建"按钮，生成工业机器人设备，如图 2-8 所示。

图 2-8 创建硬件设备基本信息填写界面

注意：设备序列号与网关序列号是平台按一定命名规则随机生成的，是设备及网关的唯一编号，显示为灰色，不支持编辑修改。

7）创建完成后，系统会自动进入工业机器人信息界面，如图 2-9 所示。

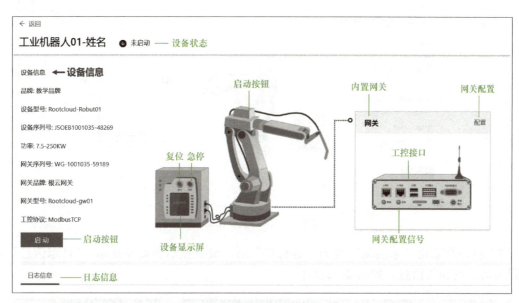

图 2-9　工业机器人信息界面

注意：设备创建后默认为未启动状态，网关南北向信号灯显示屏均为灰色，表示未启动。"日志信息"显示设备启动后各项操作的信息及发生时间。

8）在设备信息界面中，将光标移动到各按钮或接口附近，系统会以浮窗的方式出现该按钮或接口对应的介绍说明，如图 2-10 所示。

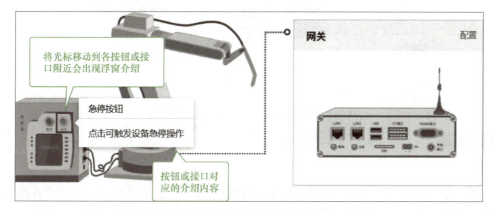

图 2-10　设备信息界面

2. 启动工业机器人设备

1）在设备信息界面中单击"启动"按钮，完成设备启动，如图 2-11 所示。

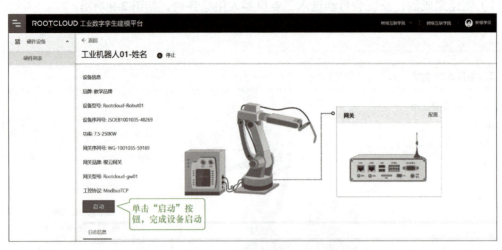

图 2-11　启动硬件设备

2）设备状态由"未启动"变为"运行中"后,设备显示屏高亮显示,"日志信息"显示设备启动的相关信息,如图 2-12 所示。

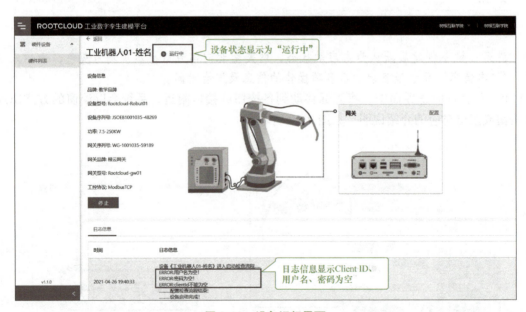

图 2-12　设备运行界面

注意: 在本任务中,日志信息提示:Client ID、用户名、密码显示为空。须在待项目 3 中完成网关实例创建,获得相应信息后回填,最终将工业机器人接入平台,这里才会无此报错信息。

2.1.4　课后练习

1）请根据本任务的操作步骤,完成一台新的工业机器人模拟硬件设备的创建,名称可设为"工业机器人02-姓名"。

2）在实际工业现场，为了更全面地了解工业机器人的工况信息，通常会给生产线上的工业机器人配套一个智能电表作为辅助设备，以便准确地采集电流、电压等数据，为判断设备是否异常提供有力支撑。

请参考本任务的操作步骤，利用内置好的智能电表模板，在设备硬件中新增一台"智能电表"设备。要求如下：

① 创建时，在硬件名称中加入自己的姓名，如"智能电表01-姓名"。
② 完成硬件设备的启动，让设备状态处于"运行中"。

任务2　配置物联网关南向通道

2.2.1　任务说明

本任务要求熟悉网关连接设备进行数据采集的主要方式及各自的适用场景，能通过硬件设备模块进行网关南向通道及点表的参数配置，能下发配置实现网关与设备联通。网关南向信号灯由黄转绿，代表网关与设备已连通，可进行目标数据采集。

2.2.2　知识准备

1. 工业通信协议

通信协议：又称通信规程，是指通信双方对数据传送控制的一种约定。约定中包括对数据格式、同步方式、传送速度、传送步骤、检错与纠错方式以及控制字符定义等问题做出统一规定，通信双方必须共同遵守，它也叫做链路控制规程。常见的工业通信协议有OPC UA、Modbus。

（1）OPC UA⊖　　OPC（Object Linking and Embedding for Process Control，面向过程控制的对象链接与嵌入）是一项应用于自动化行业及其他行业的数据安全交换可互操作性标准。它独立于平台，并确保来自多个厂商的设备之间信息的无缝传输，OPC基金会负责该标准的开发和维护。

在OPC出现以前，软件开发商需要开发大量的驱动程序来连接各类工控设备，即使设备做了微小改动，应用程序也可能需要重写。OPC将访问现场设备的方式以标准接口的形式统一提供给客户，使得客户可以从硬件通信问题中解放出来，专注于软件功能。我们所熟知的OPC规范一般是指OPC Classic，被广泛应用于各个行业，包括制造业、楼宇自动化、石油和天然气、可再生能源和公用事业等领域。

随着在制造系统以服务为导向架构的引入，如何重新定义架构来确保数据的安全性，这给OPC带来了新的挑战，也促使OPC基金会创立了新的架构——OPC UA（Unified Architecture，统一架构），以满足这些需求。OPC UA将各个OPC Classic规范的所有功能集成到一个可扩展的框架中，独立于平台并且面向服务。

⊖ 本书对于OPC UA的阐述，引用了OPC中国官网（https://opcfoundation.cn/）的信息。

鉴于市场上有各种各样的硬件平台和操作系统，平台的独立性就显得至关重要。OPC UA 包含但不限于以下平台及系统：

1）硬件平台：传统 PC 硬件、云服务器、PLC、微控制器（ARM 等）。

2）操作系统：Microsoft Windows、Apple OSX、Android 或任何 Linux 的发行版本等。

（2）Modbus 通信协议　Modbus 是一种串行通信协议，是 Modicon 公司（现在的施耐德电气有限公司）于 1979 年为使用可编程逻辑控制器（PLC）通信而发表。Modbus 已经成为工业领域通信协议的业界标准，并且是工业电子设备之间常用的通信协议。Modbus 比其他通信协议使用得更广泛的主要原因有如下几点：

1）公开发表并且无版权要求。

2）Modbus 可以支持多种电气接口，如 RS-232、RS-485（串口）等，还可以在各种介质上传输，如双绞线、光纤、无线网络等。

3）Modbus 的帧格式简单，通俗易懂，便于开发。

4）可靠性好。

2. 物联网关南向连接

南向接口用来连接设备，分无线连接和有线连接。无线连接常见的有 ZigBee、LoRa、Wi-Fi、蓝牙等无线连接技术。有线连接，一般是通过工控机、PLC 等设备控制器上的接口进行连接，包括以太网口、USB、RS-232、RS-485 等有线接口。

（1）蓝牙　蓝牙是一种短距离（通常小于 10m）的无线通信技术，通常用于笔记本电脑、智能手机、车载系统、无线耳机以及各种穿戴设备之间进行数据通信。蓝牙的特点是短距离、低功耗、低速率，适合在小范围构建起个人区域网络（PAN, Personal Area Network）。除了在个人穿戴和消费电子设备上广泛使用以外，蓝牙技术也被用于工业、医疗、汽车等领域，提供设备联网和诊断的便利。

（2）LoRa　LoRa 是一种窄带通信技术，它使用了非授权频段。LoRa 在组网的时候，不需要运营商的支持，终端设备通过 LoRa 网关与局域网或互联网连接。LoRa 技术可以用于企业建立广域的私有无线网络，连接企业场景中的各种物联网设备，设备与网关之间的距离可以达到 2 公里至 10 公里以上。

（3）ZigBee　ZigBee 是一种短距离（10~100m）的无线网络技术，适合在室内环境连接终端设备。ZigBee 网络的下层协议遵从 IEEE 802.15.4 标准，上层协议由 ZigBee 组织定义规范，保证了传输的安全性，以及满足应用层对节点之间通信的需求。ZigBee 目前主要应用于工业自动化、楼宇自动化、仓储与物流、智能家居等包含较多联网设备的场景。

3. 点表

点表属于自动化控制系统的行业用语，是现场设备采集的各种变量点的列表集合。自动化控制中，也把变量点简称为点，点表大多与设备有关，用于表征系统内各个变量的使用情况，整个自动化控制系统的建设都是以点表中变量的描述和规定为基础而建设的。通常每个变量都会有唯一对应的变量名、设备名、设备地址、寄存器、寄存器地址等相关内容。

2.2.3 任务实施

1. 整理工业机器人点表

参考表 2-1，整理一份在本项目任务一中所选工业机器人的点表信息。

表 2-1 工业机器人点表信息示例

参数名称	数据类型	读写类型	单位	寄存器类型	寄存器地址	位偏移地址	频率
急停状态	Boolean	读写		数据寄存器	DB1005.0	0	40s
故障复位	Boolean	读写		数据寄存器	DB1005.1	0	40s
开关机信号	Boolean	读写		数据寄存器	DB1005.2	0	10s
马达[①]信号	Boolean	只读		数据寄存器	DB1005.3	0	40s
程序是否错误	Boolean	只读		数据寄存器	DB1005.4	0	40s
当前位置 X	Number	只读	mm	数据寄存器	DB1005.5	4	5s
当前位置 Y	Number	只读	mm	数据寄存器	DB1005.6	4	5s
当前位置 Z	Number	只读	mm	数据寄存器	DB1005.7	4	5s
当前旋转 O	Number	只读	deg	数据寄存器	DB1005.8	4	5s
当前旋转 A	Number	只读	deg	数据寄存器	DB1005.9	4	5s
当前旋转 T	Number	只读	deg	数据寄存器	DB1005.10	4	5s
关节点 1 角度	Number	只读	°	数据寄存器	DB1005.11	4	5s
关节点 2 角度	Number	只读	°	数据寄存器	DB1005.12	4	5s
关节点 3 角度	Number	只读	°	数据寄存器	DB1005.13	4	5s
关节点 4 角度	Number	只读	°	数据寄存器	DB1005.14	4	5s
关节点 5 角度	Number	只读	°	数据寄存器	DB1005.15	4	5s
关节点 6 角度	Number	只读	°	数据寄存器	DB1005.16	4	5s
关节点 1 速度	Number	只读	W	数据寄存器	DB1005.17	4	5s
关节点 2 速度	Number	只读	W	数据寄存器	DB1005.18	4	5s
关节点 3 速度	Number	只读	W	数据寄存器	DB1005.19	4	5s
关节点 4 速度	Number	只读	W	数据寄存器	DB1005.20	4	5s

（续）

参数名称	数据类型	读写类型	单位	寄存器类型	寄存器地址	位偏移地址	频率
关节点5速度	Number	只读	W	数据寄存器	DB1005.21	4	5s
关节点6速度	Number	只读	W	数据寄存器	DB1005.22	4	5s
关节点1马达电流	Number	只读	A	数据寄存器	DB1005.23	4	5s
关节点2马达电流	Number	只读	A	数据寄存器	DB1005.24	4	5s
关节点3马达电流	Number	只读	A	数据寄存器	DB1005.25	4	5s
关节点4马达电流	Number	只读	A	数据寄存器	DB1005.26	4	5s
关节点5马达电流	Number	只读	A	数据寄存器	DB1005.27	4	5s
关节点6马达电流	Number	只读	A	数据寄存器	DB1005.28	4	5s

注：表中的单位符号"deg"代表"°"，"W"代表"°/s"。

① 根据国家标准 GB/T 2900.25—2008 的规定，"马达"应改为"电动机"，但在工业生产中仍然习惯使用"马达"一词，故本书中对"马达"未进行更改。

注意：本表是一份相对完整的工业机器人点表，在系统中已经预设了部分采集点，其他采集点需要学员在后续的实操任务中添加。

2. 网关南向通道配置

1）从"课程详情"界面进入"硬件设备"界面，单击本项目任务1中创建的"工业机器人01-姓名"对应的"查看"按钮，如图2-13所示。

图 2-13 查看硬件设备信息

2）单击网关图片右上角的"配置"按钮，进入"网关配置"界面，如图2-14所示。

项目 2　接入配置设备物联

图 2-14　进入网关配置界面

注意：工业机器人模板已预设南向通道配置信息供参考，同时支持按照选择的模板或自定义创建的工业设备的实际信息进行相应修改，如图 2-15 所示。

图 2-15　"通道配置（南向）"配置信息

3）查看工业机器人的南向通道信息配置，见表 2-2。

表 2-2　工业机器人南向通道信息配置表

配置信息	操作方式	模板预设信息
工控协议	下拉选择	Modbus TCP
规约	自动关联	Modbus TCP
分类	选择	工业机器人
远程地址	输入	192 168 1 10
远程端口	输入	102

本书中南向通道信息配置中的参数介绍如下：

① "工控协议"选择工业中常用的 Modbus TCP 协议，但在实际工业应用中，需要按照所选设备的工控协议来选择。

② "规约"与工控协议一一对应，平台会自动带出。

③ "远程端口"服务器所有应用通信都是通过对应的端口建立的，端口范围是 1~65535，Windows 服务器默认的远程管理服务端口是 3389，为了增强安全性，一般在机房进行服务器租用的用户都会修改默认的 3389 端口。

④ "远程地址"：通过远程终端登录远程设备或系统所需要的地址。远程终端地址一般分为专用地址、广播地址和公用地址。

3. 网关南向点表参数配置

1）单击"点表参数（南向）"按钮，查看工业机器人模板预置点表参数信息，如图 2-16 所示。

图 2-16 "点表参数（南向）"配置信息

2）单击"新增采集点"按钮，添加新的采集点，如图 2-17 所示。

图 2-17 新增采集点

3）在弹出的"新增采集点"对话框中，按照表2-3的内容进行填写，逐项进行采集点添加，完成后单击"确定"按钮进行保存，如图2-18所示。

图2-18 "新增采集点"对话框

表2-3 工业机器人点表参数信息

参数名称	单位	数据类型	寄存器类型	寄存器地址	位偏移地址	读写要求	规则类型	频率	数据设值	起始值	结束值	步长
程序是否错误	—	Boolean	数据寄存器	DB1005.4	0	只读	回放	40s	0,0,0,0,0,0,0,0,0,1	—	—	—
关节点1马达电流	A	Number	数据寄存器	DB1005.23	4	只读	随机	5s	—	0	200	—
关节点6马达电流	A	Number	数据寄存器	DB1005.28	4	只读	随机	5s	—	0	200	—
故障复位	—	Boolean	数据寄存器	DB1005.1	0	读写	恒定	40s	0	—	—	—

注意："新增采集点"对话框中的"规则类型""频率""数据设值"是用来模拟设备在真实环境运行作业时，通过网关按一定频率采集指定参数的数据情况。有如下补充说明：

① 采集点寄存器地址是唯一的，本书提供的寄存器地址均为预设，在实际工业应用中，应按照网关分配的寄存器地址进行填写。

② "规则类型"下拉列表中有"恒定""回放""渐变""随机"四个选项。这些规则类型的说明如下：

- 恒定：为参数固定赋予"数据设值"中输入的数值。
- 回放：将"数据设值"中输入的一系列数值按采集频率顺次循环赋予参数数值。
- 渐变："数据设值"中录入起始值、结束值及步长，按采集频率从起始值以步长值赋予参数数值，到结束值后返回起始值再开始。
- 随机："数据设值"中录入起始值、结束值，按采集频率在起始与结束值范围内任意赋予参数数值。

③ 频率：1s，5s，10s，20s等，可根据具体数据要求选择。

4）完成添加采集点后，单击"下发配置"按钮会无法执行，弹出"请填写连接配置（北向）信息"的报错提示，如图2-19所示。

图2-19 下发配置时的报错提示

5）切换到"连接配置（北向）"界面，先随意设置"Client ID""用户名""密码"，完成后单击"下发配置"按钮，如图2-20所示。

图2-20 "连接配置（北向）"配置信息

注意："Client ID"和"用户名"均对应的是物实例的"认证标识";"密码"对应的是物实例的"认证密钥",需待项目 3 中的任务 2 完成网关实例创建并获得相应信息后回填。

在"网关配置"的四个界面中,都会设置"取消""读取配置""下发配置"按钮,这三个按钮对所有界面生效。

6)下发配置成功后,会弹出"下发成功"的提示信息,如图 2-21 所示。

图 2-21 下发配置成功提示信息

7)完成下发配置之后,再次进入"网关配置"页面,可看到此时的界面是没有内容的,需要单击"读取配置"按钮,才能读取出最近下发的网关配置信息,如图 2-22 所示。

图 2-22 读取配置界面

8)单击"读取配置"按钮,显示出最近下发的信息,可以对信息内容进行查看或修改,并在界面右上角显示上一次下发配置的时间戳,如图 2-23 所示。

工业数字孪生建模与应用

图 2-23 "点表参数(南向)"配置信息

9)如果需要修改某个采集点的信息,可以单击该采集点的"模拟规则"列中的内容,如图 2-24 所示,在弹出的"修改采集点"对话框中进行修改,如图 2-25 所示。

注意:已有的预置采集点参数信息不支持编辑修改。

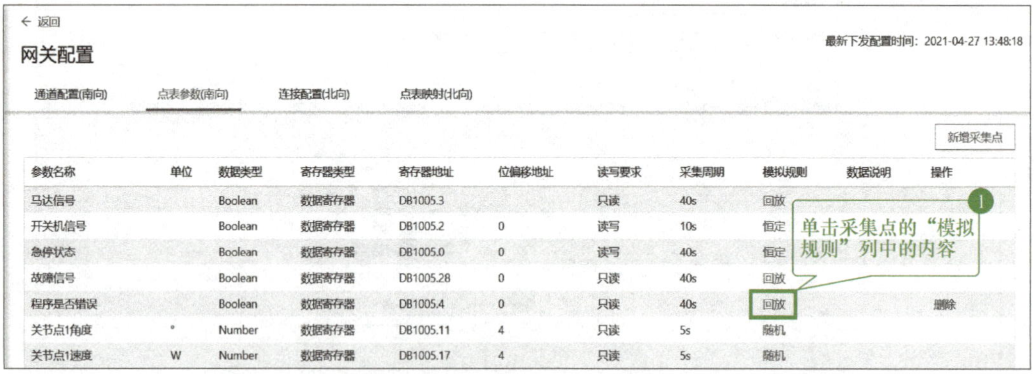

图 2-24 修改采集点信息

2.2.4 课后练习

1)根据本任务的操作步骤,完成本项目的任务 1 课后练习中创建的硬件设备"工业机器人 02- 姓名"的南向配置。

2)在本项目的任务 1 课后练习中,创建完成了一个"智能电表 01- 姓名"的硬件设备,参考本任务的操作步骤,在已创建的智能电表中完成其网关的南向配置,包含"通道配置

(南向)"和"点表参数(南向)",具体要求如下:

① 参考表 2-4,在"点表参数(南向)"中新增下列点表信息。

图 2-25 "修改采集点"对话框

表 2-4 电表南向配置点表

采集点名称	单位	数据类型	寄存器类型	存器地址	偏移地址	读写要求	数据说明	规则类型	频率	数据设值	起始值	结束值	步长
故障信号	—	Boolean	数据寄存器	DB1005.1	2	只读	—	回放	40s	0,0,0,0,0,0,0,0,0,0,1	—	—	—
C相有功功率	W	Number	数据寄存器	DB1006.8	4	只读	—	随机	5s	—	0.5	1.5	—
当前总有功电能	kW·h	Number	数据寄存器	DB1006.12	4	只读	—	渐变	40s	—	0	100000000	1

② 使"下发配置"后网关南向配置信号灯变为绿色。

任务 3　配置物联网关北向通道

2.3.1　任务说明

在本项目的任务 2 中介绍了物联网关的南向连接设备的配置，而物联网关的北向则是通过互联网与工业互联网平台进行通信。

本任务要求熟悉网关连接网络的主要方式及通信协议，能通过硬件设备模块进行网关北向连接及点表映射配置，以实现网关与云端平台进行数据传输交互。下发配置后，网关北向信号灯由黄转绿，代表网关与设备已与网络连通，可进行数据传输。

2.3.2　知识准备

1. 物联网通信协议

常见的物联网通信协议有：MQTT、AMQP、HTTP、CoAP、LwM2M 等，本任务将着重介绍 MQTT 协议。MQTT 协议是 IBM 公司在 1999 年开发的轻量级网络协议，它有以下主要特点：

（1）发布—订阅模式　物联网场景中，一个传感器数据经常需要发出多个服务或终端执行动作，而发布—订阅模式能够非常好的满足这类场景。

（2）轻量级特性　MQTT 协议是一个轻量级的网络协议，主要体现在两个方面，一是 MQTT 消息采用二进制的编码格式，从而尽量减少需要通过网络传输的数据量；二是消息的交互流程设计非常简单。

（3）低功耗需求设计　MQTT 协议定义了一个 Keepalive 机制和重复主题特性，能够很好地节约电量和网络资源。

（4）提供多种服务质量等级　针对物联网多变的网络环境，MQTT 协议提供三种不同的服务质量等级（QoS），可以根据场景灵活选择，在不同环境下保证通信是可靠的。

（5）数据安全　MQTT 协议支持 SSL/TLS 加密通信方式，同时提供了用户名/密码机制，对设备连接进行身份验证。

基于以上特点，MQTT 协议已经成为物联网系统事实上的网络协议标准。全球领先的工业互联网平台如阿里云、华为云、腾讯云、树根互联的根云工业互联网平台以及微软的 Azure 等，都不约而同地选择 MQTT 协议作为设备联网的第一语言。

2. 物联网关北向连接

北向接口需要接入互联网，常见的连接方式主要有 RJ45 以太网口/光纤接口、Wi-Fi、2G/4G、NB-IoT 等蜂窝网络模组和卫星联网等。

（1）RJ45 以太网口/光纤接口　RJ45 以太网口/光纤接口为有线连接方式，通过双绞线或者光纤将网关接入网络，稳定性好，受环境干扰较小。在移动网络信号不稳定或有强烈干扰的封闭空间，或有大量、高频数据传输时，适合采用有线连接方式接入网络。

（2）Wi-Fi　Wi-Fi 代表了无线局域网组网技术，广泛应用于家庭、商业和工业场景中，成为最主流的联网方式之一。Wi-Fi 为建筑物内组网提供了极大的便利，避免了物理布线和施工，Wi-Fi 网络的范围可以小到一个房间的范围，也可以大到城镇的级别，带宽可从每秒数十兆比到数百兆比。

（3）移动蜂窝网络　智能手机进行数据通信的主要方式是移动蜂窝通信技术，也就是常说的 2G 或 4G 等。2G 是相对早期的蜂窝通信技术，不过在一些传输数据量不大的场景中仍有不少采用 2G 技术的联网设备，如路灯控制器、冷链运输监测设备等。目前使用较多的是 4G 网络，同时 5G 网络正在建设和推广中，未来 5G+ 工业互联网将会带来革命性的创新。

（4）NB-IoT　NB-IoT 是一种利用移动基站进行通信的窄带低功耗广域网络技术，它使用了授权的频段，可直接部署于现有的移动通信网络中，需要运营商提供服务和支持。NB-IoT 技术适合于针对低功耗的、广域范围的、传输数据量小且更新频率也不高的物联网设备，如路灯、停车、共享单车、物流集装箱、空气监测仪等各种户外场景。

（5）卫星联网　通过卫星来连接网络是一种在特殊条件下比较便捷的方式，如在飞机上、偏远山区或者大海上。通信卫星通过地面站与互联网连接起来，卫星手机或地面接收站点通过卫星天线连接通信卫星，进而连接互联网。除了数据通信，当前主流的户外定位也通过卫星来实现，如常用的 GPS 定位以及北斗卫星定位。

2.3.3　任务实施

1. 网关北向连接配置

1）从"课程详情"界面进入"硬件设备"界面，单击"工业机器人 01- 姓名"对应的"查看"按钮，如图 2-26 所示。

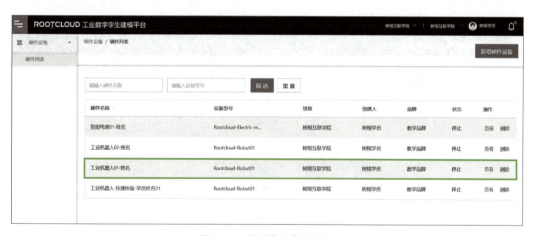

图 2-26　"硬件设备"界面

2）单击网关图片右上角的"配置"按钮，进入"网关配置"界面，如图 2-27 所示。

3）进入"网关配置"界面后，单击"读取配置"按钮，获取配置信息，如图 2-28 所示。

4）单击"连接配置（北向）"按钮，可以看到在上个任务中修改过的"连接配置（北向）"的信息，也可以根据所选模板或自定义创建的工业设备的实际信息进行配置修改，如图 2-29 所示。

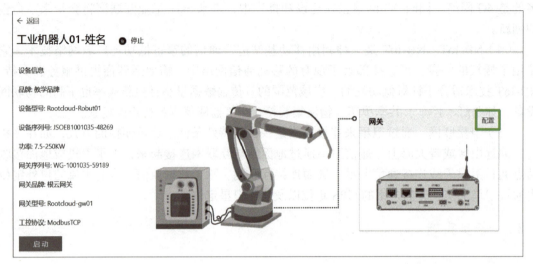

图 2-27　进入"网关配置"界面

图 2-28　读取配置信息

项目 2　接入配置设备物联

图 2-29　"连接配置（北向）"配置信息

2. 网关北向点表映射配置

1）单击"点表映射（北向）"——"新增采集点"按钮，如图 2-30 所示。

图 2-30　新增采集点

2）参考表 2-5，在"参数名称"下拉列表中选择本项目的任务 2 中自定义添加的参数名称。例如，选择"程序是否错误"，输入"映射变量"为"ProgErrorStatus"（此变量名可自定义），如图 2-31 所示。

图 2-31 "新增采集点"对话框

表 2-5 工业机器人点表映射参考表

采集点名称	映射变量
程序是否错误	ProgErrorStatus
关节点 1 马达电流	Joint_1_Current
关节点 6 马达电流	Joint_6_Current
故障复位	WarningReset

注意：工业机器人模板预置参数默认已完成映射，仅需对自定义创建的南向点表参数新增对应北向映射。

3）单击"下发配置"按钮，保存所做修改，如图 2-32 所示。

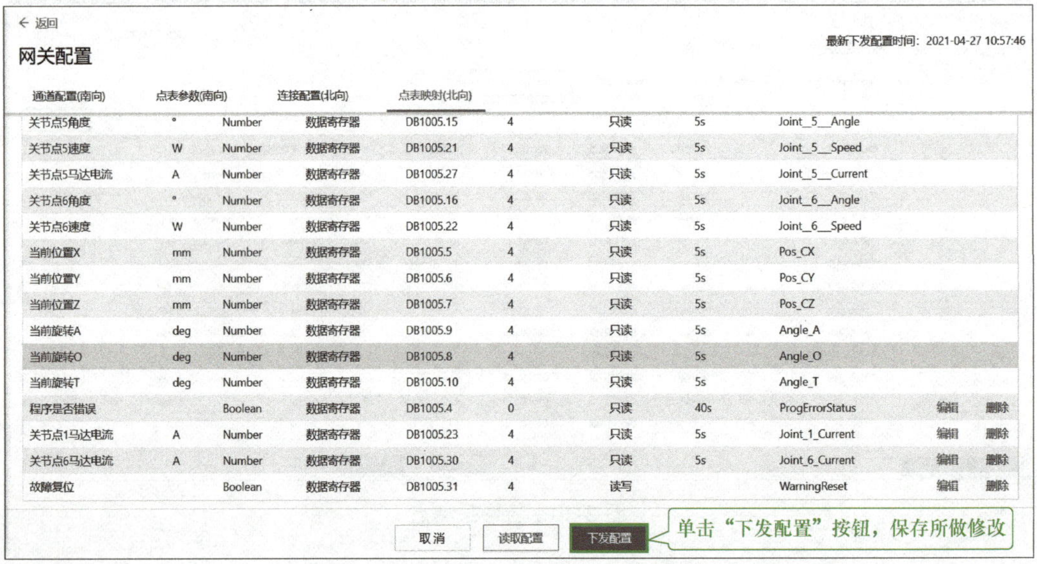

图 2-32 下发点表映射（北向）配置

3. 验证网关南北向配置

1）在"网关配置"界面完成"下发配置"操作后，返回"设备信息"界面，单击"启动"按钮，如图 2-33 所示。

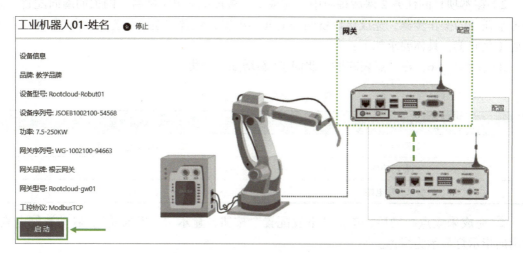

图 2-33　启动硬件设备

注意：网关北向由于需要完成在项目 3 的任务 2 中创建物实例后，获取"认证标识"及"认证密钥"，才能实际完成北向与平台的联通，因此目前还是黄色信号灯。

2）设备处于运行状态时，可单击设备显示屏，放大查看各参数及报警信息。模板预设参数在"系统参数"列查看，报警信息在"报警信息"列查看，自定义参数在"自定义参数"列查看，如图 2-34 所示。

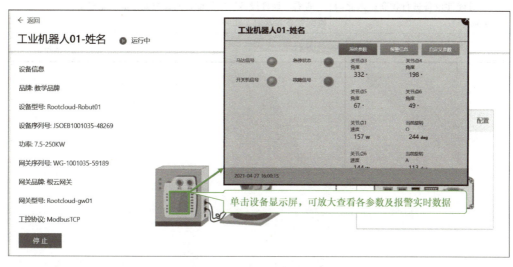

图 2-34　放大设备显示屏

2.3.4 课后练习

1)请根据本任务的操作步骤,完成本项目的任务 1 课后练习中创建的硬件设备"工业机器人 02- 姓名"的北向配置。

2)在本项目的任务 2 课后练习中,完成了"智能电表 01- 姓名"网关的南向配置,请参考本任务的操作步骤,完成该设备网关的北向配置,包含"连接配置(北向)"和"点表映射(北向)",具体要求如下:

① 参考表 2-6,在"点表映射(北向)"新增如下采集点。

表 2-6 电表北向映射点表

采集点名称	映射变量
故障信号	warningSignal
C 相有功功率	Pc
当前总有功电能	EPP

② 完成采集点新增后,单击"下发配置"按钮,显示"下发成功"。启动智能电表,使南向指示灯显示为绿色。

项目评价

序号	考核技能点	评分标准	分值	得分
1	创建硬件设备	1)成功创建并发布硬件设备 2)启动硬件设备,使设备状态为"运行中"	20	
2	对硬件设备进行物联接入南向配置	查看"硬件设备"中的设备网关配置,学生能够根据采集点信息,新增并正确配置点表参数(南向)的采集点信息	40	
3	对硬件设备进行物联接入北向配置	查看"硬件设备"中的设备网关配置,学生能够正确配置点表映射(北向)关系	40	
		小计	100	

项目3 构建初级工业设备数字孪生模型

项目引入

在上个项目中,完成了设备的物联接入配置,本项目就需要在根云工业数字孪生建模平台上完成设备和网关的数字建模,并注册设备和网关的物实例,之后才能开展下一步工作。

本项目基于单个设备的数字孪生模型构建展开任务,包括配置单个设备的物模型属性、报警和指令,然后注册设备及网关实例,并基于硬件设备对模型进行数据采集验证,最终完成单台工业设备的数字孪生模型构建。

【知识目标】

- ◆ 了解物模型的概念和作用、物实例的概念。
- ◆ 了解关联实体设备与物实例的方法。
- ◆ 了解常见的工业设备报警。
- ◆ 了解常见物模型报警规则操作符。
- ◆ 了解常见的工业设备指令。
- ◆ 熟悉物模型的属性、报警和指令的含义。
- ◆ 熟悉物模型的值、操作方式和数据类型。
- ◆ 熟悉物标识、认证标识、认证密钥的作用。
- ◆ 熟悉物模型报警和物模型指令的作用。

【能力目标】

- ◆ 能建立设备及网关的物模型,并为设备物模型增加属性。
- ◆ 能在平台注册与设备实体一一对应的网关及设备物实例。
- ◆ 能更新硬件设备的网关配置,实现设备实体与平台的连接。
- ◆ 能验证设备的实时数据是否可成功上传至平台。
- ◆ 能根据工业现场及设备要求配置报警规则,在物实例中完成报警验证。
- ◆ 能根据工业现场及设备要求在物模型中添加指令,并在物实例中完成指令验证。

【素质目标】

- ◆ 通过配置物模型属性,养成认真、严谨的操作习惯。
- ◆ 通过添加指令和配置报警规则,具备独立思考、科学分析的能力。
- ◆ 具有遵守纪律、动手实践的意识。
- ◆ 具备解决问题的能力。

任务 1　创建工业设备的物模型

3.1.1　任务说明

本任务要求以工业数字孪生建模平台提供的属性模板为基础，基于项目 2 创建的工业机器人及其点表，以及在基础点表之上派生出的一些关键属性，如设备开机时长、作业效率等这些设备管理者关心的统计数据，在平台上建立该设备及物联网关的物模型，并为设备物模型增加属性，完成工业机器人物模型的定义。任务实施流程如图 3-1 所示。

图 3-1　创建物模型的任务实施流程

3.1.2　知识准备

1. 物模型的概念

图 3-2 所示为工业机器人作业现场。如果要在这个生产车间推行数字孪生技术，希望利用网络远程掌握车间里每台机器人的工作状态，并且远程控制它的开关，软件开发人员就需要逐一对接每一台机器人的接口和控制指令，而车间有较多机器人，且型号或品牌不同，这会导致开发工作量巨大，开发起来非常麻烦。

图 3-2　工业机器人作业现场

物模型的作用之一就是用来解决以上这个问题。物模型是对一类设备的抽象数字化描述，包含对设备控制指令的封装，这样应用开发人员对这一类设备的控制操作，就可以基于物模型实现统一的调用和实施，而不需要针对每台设备逐一开发实现。

物模型是对物理世界实体的抽象，是对物理实体的数字化描述，是物理实体在数字世界中对应的数字模型。而所谓"抽象"，就是要提取出设备的共同特征，形成模型。物模型通过属性、报警、指令三个维度来描述一个物理实体,见表3-1。简而言之,物模型是使用计算机可以理解的语言,描述清楚物理世界的实物是什么、能做什么,以及可以提供哪些信息。

表 3-1 物模型的属性、报警及指令说明

类型	说明
属性	设备可读取和设置的参数,一般用于描述设备运行时的状态,如工业机器人的当前每个轴的角度、速度值等
报警	设备运行时产生的事件,例如,设备发生故障或超温告警等,报警也可以在物模型中基于属性值,通过配置规则来触发
指令	设备可被外部下发的操作,例如,设备的开关机操作、故障复位或者工艺设置等

当一个设备的物模型集成了物理实体的各类数据,那就是物理实体的真实映射。在物理实体的整个生命周期中,它会和实体一起进化,积累各种信息和知识,并且促进物理实体的优化,这样的物模型就是物理实体的数字孪生模型。

2. 物模型的属性

物模型的属性是一组用于描述设备状态的参数,包括工业设备的品牌、型号、序列号等基本信息;设备在物理世界的状态,如开机、关机、待机、作业、故障停机等;设备的电流、电压、温度、振动等实时工况;设备在生产过程中衍生出的开机率、作业率、瓶颈率、冗余率等业务指标等。可见属性的范围非常广泛,几乎可以囊括设备的方方面面。

(1)物模型属性的值

确定好物模型的属性后,关键在于如果获取这些属性的数据。根云工业数字孪生建模平台支持三种属性值的来源方式:

1)连接变量,指可从设备直接采集到的属性,通常是通过网关采集设备数据并上传,一般适用于设备自身的属性,如温度、电流、电压等。

2)规则指定,指利用规则表达式对已有的属性进行处理运算,从而得到新的衍生属性值,一般适用于偏业务指标的属性,如开机率、作业率等。

3)手动写值,通过直接赋值或直接定义规定属性值,如设备品牌、设备型号等。

在根云工业数字孪生建模平台中,基于物模型属性值的来源不同,可以将属性分为原生属性与派生属性两大类,见表3-2。在本项目的实操任务将主要介绍原生属性,派生属性将在下一个项目中进行介绍。

表 3-2 物模型的属性分类

属性分类	含义
原生属性	属性值来源为"连接变量"的属性,即直接从实体设备采集的数据
派生属性	属性值来源为"规则指定"的属性,即通过对从设备采集的数据进行计算加工得到的数据

注:派生属性将会在本书项目4的任务1的知识储备中进一步说明。

（2）物模型属性的操作类型

根据具体需要，可以对不同的属性设置不同的操作方式，在根云工业数字孪生建模平台中可以对属性设置三类不同操作类型，见表3-3。

表3-3 物模型属性的操作类型

类型	含义	示例
读写	可在设备运行工况处查看数据变化，也可以利用指令对设备数据进行改值处理	例如：设备控制开关，不仅需要通过该属性了解设备开关的状态，也会存在通过指令控制设备开关的应用场景
只读	只可以在设备实例运行工况处查看数据变化	例如：电流、电压等设备运行中产生数据的属性，只能采集查看，无法对其下发指令进行修改操作
只写	不可查看运行工况，只可以在实例指令处对数据进行改值处理	例如：故障复位操作[①]本身不会产生数据，但需要通过该属性进行指令下发操作，完成故障复位

① 故障复位操作：指设备故障时产生故障报警信号，但当故障处理后，设备无法预知，因此需要故障复位操作解除当前故障报警。

（3）物模型属性的数据类型

和编程语言一样，作为一种模型语言，物模型的数据也有不同的数据类型，在根云工业数字孪生建模平台，物模型的数据类型主要包括以下几种：

1) 字符串型（String），由字母、数字、标点符号和空格组成的字符串类型，如设备的位置。

2) 数值型（Number），可计算的数值，如电压的值24.0V、电流34.5mA。

3) 布尔型（Boolean），非真即假的二值型变量，只有true和false两个值，如开关功能只有开、关两种状态，在数据传输时通常以0/1的形式，一般0代表false，1代表true。

4) 整数型（Integer），整数数据类型，如停机设备台数只能是整数。

5) 枚举型（Enum），自定义的有限集合值。例如：设备三色灯的颜色有红色、黄色、绿色。

在任务中创建物模型并配置属性时，需要根据设备数据类型选择对应的属性数据类型。

3.1.3 任务实施

物模型作为物理世界中实体的抽象，不同类型的实体通常会基于自身的特征属性抽象出单独的物模型，本书中的"硬件设备"模拟了在现实中由工业设备及帮助设备联网的工业网关两个实体组成的共同体，因此在创建物模型时，也需要分别创建设备与网关的物模型。

1. 创建工业机器人网关物模型

1) 由"课程详情"界面进入"工业数字孪生建模"界面，如图3-3所示。

项目 3　构建初级工业设备数字孪生模型

图 3-3　进入"工业数字孪生建模"界面

2）单击"物模型"——"创建"按钮,开始物模型的创建,如图 3-4 所示。

图 3-4　创建网关物模型

3）在"基本信息"界面中选择"网关",输入"模型名称"为"工业机器人网关模型01-姓名",如图 3-5 所示。单击"创建"按钮,进入网关模型信息界面。

图 3-5　填写物模型基本信息

4）在网关模型信息界面,单击"发布",完成机器人网关物模型的创建,如图 3-6 所示。

图 3-6　发布网关物模型

注意：网关物模型可以自定义配置，但不是本书重点内容，故不展开描述。

2. 创建工业机器人设备物模型

1）如图 3-7 所示单击"物模型"——"创建"按钮，进入"创建物模型"界面。

图 3-7　创建设备物模型

2）在弹出的"创建物模型"界面的"基本信息"选项组中选择"设备"，如图 3-8 所示。

图 3-8　选择"设备"

3）在根云工业数字孪生建模平台，有两种设备物模型的创建方式，分别为基于模板创建和自定义创建。本任务选择基于模板创建的方式，如图 3-9 所示。

图 3-9 设备物模型的创建方式

① 基于模板创建：为便于操作，系统内置了一些设备物模型的模板，可以选择基于对应设备的物模型模板直接创建，再完成基本信息的填写，如图 3-10 所示。

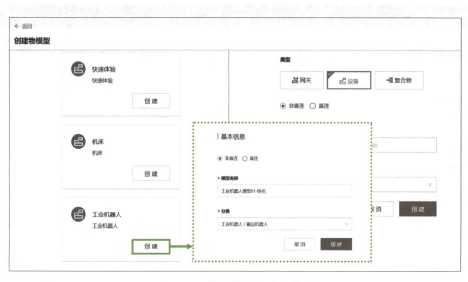

图 3-10 基于模板创建物模型

注意：基于模板创建的模型，系统自带一部分常规属性。

② 自定义创建：在"创建物模型"界面中单击"设备"按钮，选择"非直连"，设置"模型名称"为"工业机器人模型 01- 姓名"，"分类"为"工业机器人/搬运机器人"，最后单击"创建"按钮，进入设备模型配置界面，完成创建，如图 3-11 所示。

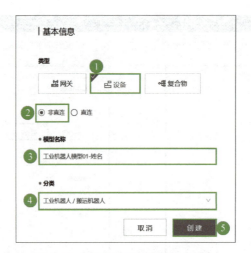

图 3-11 填写设备物模型基本信息

3. 添加物模型原生属性并发布

1）完成了工业机器人模型的创建后，会跳转到模型信息界面，再单击"添加属性"按钮，开始设置模型属性，如图 3-12 所示。

图 3-12 添加物模型属性

注意：基于系统内置模板创建的物模型，已内置对应硬件设备中的设备点表信息，不包括自定义新增的采集点信息，需要自定义添加对应属性。

2）在弹出的"添加自定义属性"对话框中，参考表 3-4 填写自定义属性的基本信息及属性值，完成后单击"确定"按钮保存，如图 3-13 所示。

项目 3　构建初级工业设备数字孪生模型

表 3-4　工业机器人物模型原生属性模板

属性名称	属性 ID	数据类型	读写操作设置	属性值来源	连接变量	取值范围	小数点位	历史数据保存方式	工程单位
程序是否错误	ProgErrorStatus	Boolean	只读	连接变量	ProgErrorStatus	—	—	全部保存	—
关节点1马达电流	Joint_1_Current	Number	只读	连接变量	Joint_1_Current	—	保留2位	全部保存	A
关节点6马达电流	Joint_6_Current	Number	只读	连接变量	Joint_6_Current	—	保留2位	全部保存	A
故障复位	WarningReset	Boolean	读写	连接变量	WarningReset	—	—	全部保存	—

图 3-13　填写原生属性信息

注意：①原生属性均为可直接从设备采集到的参数，因此属性值来源默认为"连接变量"，并在"属性标签"中添加"原生属性"标签。

②为了方便识别和管理，物模型属性的配置与设备采集点表信息一般有对应关系，具体对应关系见表 3-5。

表 3-5 物模型属性的配置与设备采集点表信息的对应关系

设备物模型属性	设备采集点映射点表（北向）
属性名称	参数名称
属性 ID	映射变量
数据类型	数据类型
读写操作设置	读写要求
连接变量	映射变量

3）按照表 3-4 提供的模板，依次完成"关节点 1 马达电流""关节点 6 马达电流""故障复位"属性的添加，如图 3-14 所示。

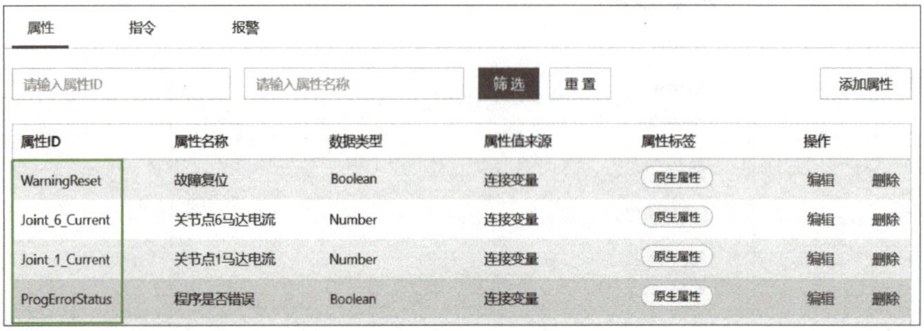

图 3-14 物模型属性列表

4）完成物模型属性的添加后，单击"发布"按钮，完成工业机器人物模型的创建，如图 3-15 所示。

图 3-15 发布物模型

3.1.4 课后练习

1）根据本任务的操作步骤，完成项目 2 课后练习中创建的"工业机器人 02- 姓名"的物模型创建，包含工业机器人设备模型及其网关模型，并参考表 3-4，为工业机器人模型添加原生属性（注：设备模型名称可设置为"工业机器人模型 02- 姓名"，网关模型名称可设置为"工业机器人网关模型 02- 姓名"）。

2）为了更加全面地获取工业机器人的电流、电压等设备工况数据，需要给机器人配装一台智能电表，在项目 2 中已经完成了电表的创建并对其网关南北向进行了配置，要实现其电表数据的采集及远程监控，同样需要在工业数字孪生建模平台上完成智能电表的数字孪生建模。

参考本任务的实操步骤，在根云工业数字孪生建模平台，按以下要求完成在项目 2 任务 1 课后练习中创建的"智能电表 01- 姓名"的物模型创建及发布。

① 完成智能电表对应网关的物模型创建，并完成发布。

② 完成智能电表的设备物模型创建，在模型模板的基础上，属性配置中需增加自定义属性（这些属性的数据来源是项目 2 中自定义添加的采集点的映射变量），并完成发布，电表自定义属性见表 3-6。

表 3-6 电表自定义属性参考

属性名称	属性 ID	数据类型	读写操作设置	属性值来源	连接变量	取值范围	小数点位	历史数据保存方式	工程单位
故障信号	WarningSignal	Boolean	只读	连接变量	WarningSignal	—	—	全部保存	—
C 相有功功率	Pc	Number	只读	连接变量	Pc	—	保留 2 位	全部保存	W
当前总有功电能	EPP	Number	只读	连接变量	EPP	—	保留 2 位	全部保存	kW·h

任务 2　注册工业设备的物实例

3.2.1 任务说明

在本项目任务 1 中，已经以工业机器人为例，通过抽象其设备实物的共同特征，完成了设备物模型及其网关物模型的创建，但它并未与物理世界中的设备实物一一对应和连接在一起。因此本任务需要把物模型与物理世界中的设备实物进行对应和连接。

基于本项目任务 1 中创建的工业机器人及其网关物模型，在平台注册与设备实体一一对应的网关物实例及设备物实例，并同步完成项目 2 中硬件设备的网关配置，实现设备实体与平台的连接，验证设备的实时数据是否可以成功上传至平台，任务实施流程如图 3-16 所示。

图 3-16 创建物实例的任务实施流程

3.2.2 知识准备

1. 物实例的概念

在本项目的任务 1 中介绍了物模型的概念，即提取出不同品牌或不同型号的设备的共同特征，从而形成模型，以方便应用开发或控制操作。而基于物模型生成的与实体设备一一对应的数字孪生体，称之为物实例。

其实，物实例就是物模型的实例化。根据实际情况需要，一个物模型可以注册一个或多个实例。例如：每台工业机器人都可以根据设备的特性创建一个物模型，然后在平台注册对应的物实例，而在一个汽车喷涂车间中，每个工位的喷涂机器人的基本功能和工作内容可能相差不大，就可以基于同一个物模型分别注册对应的物实例。

只有注册与实体设备一一对应的物实例后，才能将实体设备与平台进行连接，让用户可以利用平台，在云端对相应实体设备进行远程控制和工况管理等操作。同时，物实例即为具体实体设备映射的数字设备，物理设备全生命周期的数据都通过物联网采集到云端与物实例关联存储，这种与物理设备实时双向链接、与物理设备持续保持数据同步的物实例，即为设备的数字孪生体。

2. 实体设备与物实例的关联

物实例是与物理设备一一对应的数字实体，物理设备通过物联网接入到工业数字孪生建模平台，平台如何得知物实例对应的是哪台实体设备。这里就需要回到之前项目 2 网关配置时没有填写的 ClientID、用户及密码，了解注册物实例时需要填写的"物标识""认证标识""认证密钥"是什么，以及其具备什么作用。

（1）物标识的概念　　物标识是物理实体设备在根云工业数字孪生建模平台的唯一标识，用于识别在平台上注册的不同实体设备的物实例。根云工业数字孪生建模平台中物标识的填写界面如图 3-17 所示。

图 3-17 物标识填写界面

物标识就像身份证号码，机器设备也需要唯一的编码来标识它，一般可以使用设备序列号（SN）作为其唯一编号，也可以是其他自定义的编码。根云工业数字孪生建模平台就是借用实体设备在物理世界存在的唯一编号作为其物实例的物标识，用于识别实体设备在平台上对应的物实例。

（2）认证标识和认证密钥 如果把物标识比喻成实体设备的"身份证号码"，那么认证标识和认证密钥组成的认证信息就是工业互联网平台提供的"门禁卡"，在根云工业数字孪生建模平台中，认证标识和认证密钥的填写界面如图 3-18 所示。

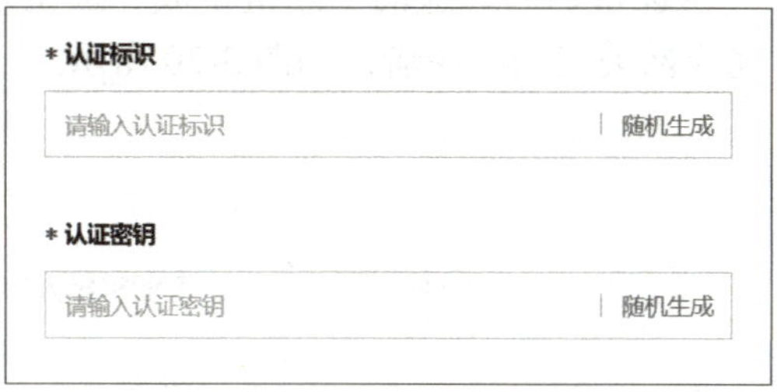

图 3-18 认证信息填写界面

并非所有成功联网并用 MQTT 协议传输数据的设备都可以将其数据上传至工业互联网平台，还需要在网关配置中填上该物实例的认证标识及认证密钥。拥有平台提供的"门禁卡"，配合物标识进行双重校验，来保证实体设备及其实时数据与平台上物实例及工况数据一一对应的关系。这个认证环节保证了物实例的数据与物理设备数据的准确对应，同时也是工业互联网安全的重要组成环节。

通常先在平台上随机生成属于物实例的认证标识和认证密钥后，再完成硬件设备中的网关北向配置，一个认证信息仅能配置一次。

值得注意的是，由于物实例是平台中的数字孪生体，是虚拟数据实体，因此可以通过改变平台中物实例的物标识及认证信息，来改变物实例与实体设备的一一对应关系。这意味着，一旦修改物实例的物标识，并使物标识对应的实体设备的网关配置认证信息与实例一致，物实例就与新的实体设备建立了一一对应的关系。

3.2.3 任务实施

1. 注册网关物实例

1）由"课程详情"界面进入"工业数字孪生建模"界面，单击"物实例"→"注册"按钮，如图 3-19 所示。

图 3-19 注册网关物实例

注意： 由于非直连设备的数字孪生建模包含网关与设备两部分，在注册设备实例时需要关联绑定对应的网关实例，因此需要先注册网关实例。

2）跳转到"注册物实例"界面，编辑实例基本信息。设置"类型"为"网关"，"选择模型"为"工业机器人网关模型01-姓名"，"实例名称"为"工业机器人网关实例01-姓名"，"物标识"为在项目2的任务1中创建的"工业机器人01-姓名"的网关序列号，分别单击"认证标识"和"认证密钥"对应的"随机生成"按钮来生成认证标识和认证密钥，单击"注册"按钮，完成网关实例的注册，如图3-20所示。

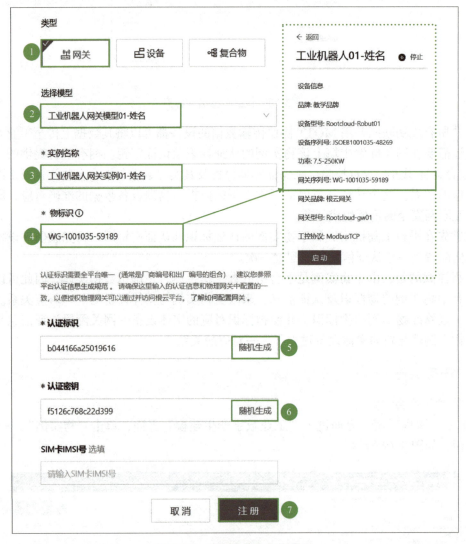

图3-20 注册网关物实例界面

3）注册成功后，跳转到网关物实例信息界面，可以查看该实例的信息，如图3-21所示。

图 3-21　网关物实例信息界面

2. 注册设备物实例

1）单击"物实例"⟶"注册"按钮，如图 3-22 所示。

图 3-22　注册设备物实例

2）跳转到"注册物实例"界面，编辑实例基本信息。设置"类型"为"设备"，物联方式为"非直连"，"选择模型"为"工业机器人模型 01- 姓名"，"实例名称"为"工业机器人实例 01- 姓名"，"物标识"为在项目 2 的任务 1 中创建的"工业机器人 01- 姓名"的设备序列号，"关联网关"为本任务中注册的"工业机器人网关实例 01- 姓名"，"通信标识"会根据"物标识"自动生成，单击"注册"按钮，完成设备实例的注册，如图 3-23 所示。

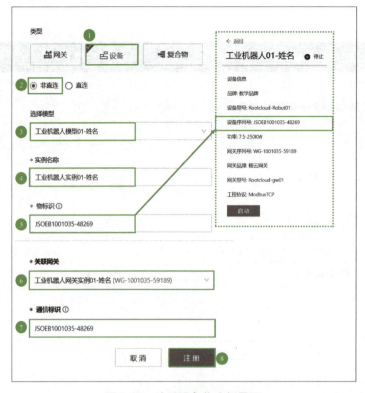

图 3-23 注册设备物实例界面

注意：通信标识是用来识别网关的非直连设备的通信数据。

3）注册成功后，会跳转到设备物实例信息界面，可以查看该实例的相关信息，如图 3-24 所示。

图 3-24 设备物实例信息界面

3. 完善网关配置并验证

1）从"课程详情"界面或快速切换入口进入"硬件列表"界面，选择项目 2 任务 1 中创建的"工业机器人 01- 姓名"，单击其对应的"查看"按钮，如图 3-25 所示。

图 3-25 "硬件列表"界面

2）进入到设备信息界面，单击"配置"按钮，进入"网关配置"界面，如图 3-26 所示。

图 3-26 进入"网关配置"界面

3）在"网关配置"界面，选择"连接配置（北向）"，单击"读取配置"按钮。把本任务中注册的"工业机器人网关实例 01- 姓名"的认证标识和认证密钥，分别填入"Client ID""用户名"和"密码"中。其中认证标识对应"Client ID"和"用户名"，认证密钥对应"密码"。完成以上设置后，单击"下发配置"按钮，如图 3-27 所示。

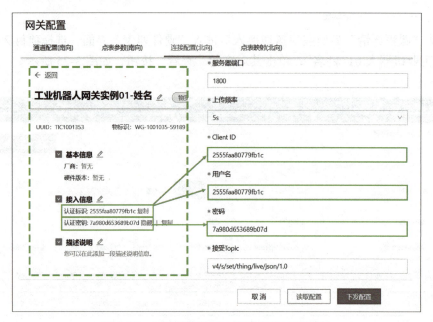

图 3-27　正确填写连接配置信息并下发配置

注意：认证信息在创建网关实例时随机生成，且具有唯一性，填写时确保已生成的认证信息与网关北向配置对应的信息保持一致。

4）下发配置后，返回到设备信息界面，单击"启动"按钮，观察网关的信号灯，若均已变为绿色，说明网关配置成功，如图 3-28 所示。

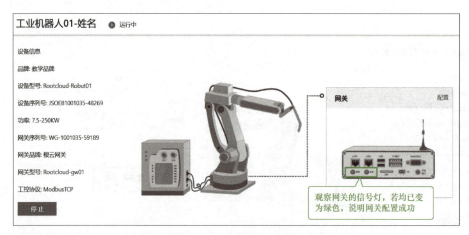

图 3-28　网关配置成功界面

注意：若是在设备启动状态下编辑网关配置，下发配置后信号灯没有变绿，可以先单击"停止"按钮，再单击"启动"按钮，重启设备。设备信息界面下方的"日志信息"可辅助验证。

4. 验证硬件联网与上数

1）进入工业数字孪生建模的"物实例"界面，分别检查"网关"与"设备"对应注册的网关实例与设备实例状态是否为"在线"，如图 3-29 和图 3-30 所示。

项目3 构建初级工业设备数字孪生模型

图 3-29 网关物实例界面

图 3-30 设备物实例界面

2）查看"工业机器人实例 01- 姓名"的实例信息界面，首先确定运行工况中已有数据更新，如图 3-31 所示。然后，以数据时间戳为标准，对照检查硬件设备中的"工业机器人 01- 姓名"日志信息中同一时间戳的数据，如图 3-32 所示。如果相同，则说明硬件的数字孪生建模成功。

图 3-31 设备物实例运行工况

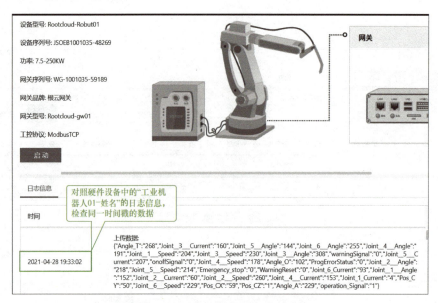

图 3-32　硬件设备的日志信息

注意：由于在给硬件设备新增采集点时，采集点的模拟数据设置了频率；模拟硬件在网关配置的"连接配置（北向）"也设置了上传频率；建模实例中运行工况更新还有自身的更新频率。因此，直接对比"运行工况"的数据与硬件设备显示屏上的数据，可能会存在偏差。

3.2.4　课后练习

1）参考本任务的实操步骤，完成本项目任务 1 课后练习中创建的"工业机器人模型 02- 姓名"和"工业机器人网关模型 02- 姓名"的物实例注册。

2）为了完成智能电表的数字孪生建模，已经在本项目任务 1 的课后练习中完成了智能电表及其网关的物模型创建，请参考本任务的实操步骤，基于本项目任务 1 的课后练习创建的物模型，注册对应的网关及电表的物实例，并完成网关配置，验证数据是否上传，具体要求如下：

① 注册智能电表网关的物实例。
② 根据网关物实例获取的信息完成网关配置。
③ 注册智能电表的物实例，并关联网关物实例。
④ 以数据时间戳为准，使智能电表物实例中的运行工况数据与硬件设备日志信息中的上报数据一致。

任务 3　设置工业设备数字孪生模型的报警

3.3.1　任务说明

通过本项目的前两个任务，已成功地在根云工业数字孪生建模平台完成了一台工业机器人的数字孪生建模，并通过网关实现了网络连接和实时数据采集。但想要完整定义一个实体设备的物模型，仅有物模型的属性是不够的，在工业设备的运行过程中，会出现电流、电压异常以及硬件故障等很多现场情况，如果希望及时发现并处理解决这些问题，就需要利用报警技术。

本任务要求以根云工业数字孪生建模平台提供的报警属性模板为基础，在本项目任务一创建的工业机器人物模型中，根据工业现场及设备要求配置报警规则，在机器人物实例中完成报警验证。

3.3.2 知识准备

1. 物模型的报警

传统的工业设备运行与维护一般有两种方式，一是依靠人工巡点检，定时定点检查生产线、单台设备及厂内仪表等运行情况；二是通过设备自身的故障信号灯，当故障信号灯亮时应尽快赶到现场进行维修保养，以尽可能降低设备故障对实际生产的不良影响。但是，这样的方式不仅滞后，还耗时耗力。

如挖掘机、压路机等在厂外作业的工业设备一旦出现故障，车主为了不耽误工作计划，通常都会就近尽快处理。因此，过去对于厂外设备的制造厂商而言，想第一时间了解设备故障情况，提供售后服务或收集故障信息用于产品研发优化几乎是不可能的事。

进入工业互联网时代后，在生产线中利用数字孪生技术，当工业机器人在运行过程中，出现电动机温度过高、低电压的情况，或者发生了硬件故障，那么联网的设备就可以将这些故障信息发送出去，通知厂家及时处理。

这类由产品设备在运行过程中产生的信息、报警和故障等，就可以通过在平台设置报警规则，从而实现报警。随着工业系统的大型化和复杂化，除了被监控的参数外，通常也需要了解和掌握相关的其他参数信息。因此，报警可以包含多个输出参数。

值得注意的是，报警不同于属性，报警是通过设备上报的数据生成的，平台通过设置报警规则，从设备采集的属性数据触发报警。

2. 常见的工业设备报警

想利用好数字孪生技术，完善实体设备物模型的报警配置，需要了解并且明确区分设备故障、异常、事故等不同状态，这就要求对工业设备的性能非常了解，同时具有丰富的工业现场经验和专业技术知识，这并非是速成的能力。

这里简单介绍以下几种常见的工业设备报警及分类：

（1）由于设备和零件老化带来的损坏报警　工业设备的建造工序多、结构复杂，对于许多企业来说，如此高造价的工业设备，虽然有效提高了生产效率，也在无形中加重了生产成本。为了降低成本，许多企业中的工业设备超负荷使用，并且有不少企业忽略了对工业设备的定期检修和保养，甚至一些质量已经严重不达标的工业设备还继续在生产中被违规使用。在这种情况下，由于设备的运动部件磨损，在某一时刻超过其极限值就会引起故障报警。

（2）由于设备参数异常导致的预警提示　由于工业设备的复杂性，很多零件老化或部件磨损触发的报警可能会直接导致设备紧急停机。因此，很多有经验的维修工程师会通过观察设备的一些关键参数，并由此判断设备的健康程度或关键零部件的性能，一旦超过规定阈值就会触发预警提示，如电动机温度过高、工业机器人电流或电压数据异常等情况，便提前停机检修维护。

（3）由于软件错误产生的故障报警　工业设备是一个相当复杂的生产机械，其集成化程度很高，尤其是近些年广泛应用的自动化设备，如工业机器人、数控机床等，其重要的组成部分就是软件程序，只有将产品生产的过程进行细致的程序设置，才能保证产品的质量以及生产流程的顺利和高效。

（4）由于操作不当造成的故障报警　除去设备本身与集成系统外，在设备的使用过程中，人为操作不当也是设备产生故障报警的原因之一，对于很多工业设备或制造工序，人为操作是实现设备功能的必然环节。因此，失误很难避免。产生人为操作不当的原因有很多，例如：机床电气设备的选用不当，即所选设备与产品的生产属性不符，从而使设备产生了较大的不适性甚至产生故障。此外，还有很大一部分原因来自于技术人员的专业性不足，对于工业设备没有充分的了解，或者图方便滥用工业原材料，造成成本浪费，例如：焊接时滥用保护气打扫工位。

3. 物模型报警规则操作符

本书主要学习阈值报警，阈值报警规则通常由不同的操作符直接或组合而成。因此，需掌握常见操作符的基本含义，以便准确配置报警规则，以下是在工业数字孪生建模平台上设置的常用的操作符：

1）== ：等于，同常见数学计算中的"="。
2）!= ：不等于，同常见数学计算中的"≠"。
3）>= ：大于等于，同常见数学计算中的"≥"。
4）<= ：小于等于，同常见数学计算中的"≤"。
5）区间：由两个操作符组合形成，根据设备实际性能标准设置。

3.3.3　任务实施

1. 添加物模型报警及其规则

1）由"课程详情"界面进入"工业数字孪生建模"界面，单击"物模型"——"设备"按钮，再单击"工业机器人模型01-姓名"对应的"查看"按钮，进入设备物模型信息界面，如图3-33所示。

图 3-33　设备物模型界面

2）进入设备物模型信息界面后，单击"修改模型"按钮，物模型切换为编辑状态，如图3-34所示。

图3-34　进入物模型修改界面

注意：物模型区分发布状态与编辑状态，单击"查看"进入发布状态，无法编辑物模型配置信息，单击"修改模型"按钮，切换到编辑状态，可以对物模型的配置信息进行编辑。

3）在编辑状态下单击"报警"——"添加报警"按钮，开始配置设备物模型的报警，如图3-35所示。

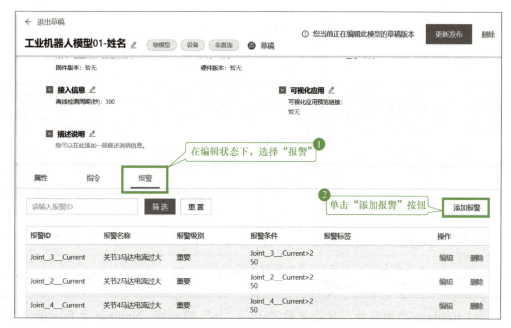

图3-35　进入报警信息的添加界面

注意：基于系统内置模板创建的物模型，已内置部分对应设备的报警信息，而自定义新增的采集点报警信息，需要自定义添加。

4）参考表 3-7，补充添加报警信息，如图 3-36 所示。

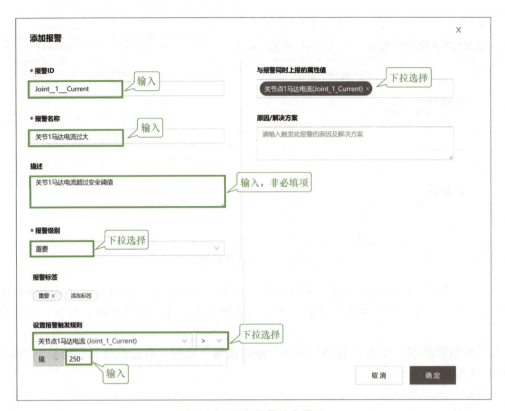

图 3-36　添加报警信息界面

表 3-7　工业机器人物模型报警信息

报警 ID	报警名称	描述	报警级别	设置报警触发规则	与报警同时上报的属性值
ProgErrorStatus	程序错误	机器人程序运行出错	一般	程序是否错误 ==1	—
Joint_1_Current	关节 1 马达电流过大	关节 1 马达电流超过安全阈值	重要	Joint_1_Current > 250	Joint_1_Current
Joint_5_Current	关节 5 马达电流过大	关节 5 马达电流超过安全阈值	重要	Joint_5_Current > 250	Joint_5_Current
Joint_6_Current	关节 6 马达电流过大	关节 6 马达电流超过安全阈值	重要	Joint_6_Current > 250	Joint_6_Current

注意：Boolean 类的属性，仅能使用 "=="、"!=" 操作符；Number 及 Integer 类的属性，可以使用本任务中介绍过的所有操作符。

"与报警同时上报的属性值"为当报警产生时，会一同上报显示的属性值，可以是当前报警属性的值，也可以是其他业务关联属性的值，以便更好地了解报警产生的情况。

2. 更新发布物模型

完成所有报警信息配置后,单击"更新发布"按钮,如图 3-37 所示。

图 3-37　更新发布物模型

注意：如果不单击"更新发布"按钮,修改的配置内容仅会存为草稿,不会应用和更新到对应的物实例。而已经更新发布过的物模型的属性、指令和报警就应用到了物实例,无法再编辑修改。

3. 验证物模型报警

1）更新发布了"工业机器人模型 01- 姓名"后,单击"物实例"→"设备"按钮,再单击"工业机器人实例 01- 姓名"对应的"查看",确保该物实例所对应的硬件设备已经开启,即处于"在线"状态,如图 3-38 所示。

图 3-38　设备物实例界面

2）进入物实例信息界面后,单击"报警"按钮,确认是否已产生报警记录。如果产生报警记录,可单击"报警历史"按钮,查看具体的信息,如图 3-39 所示。

图 3-39 物实例报警信息界面

3）在"报警历史"界面中，检查触发报警的时间及对应属性值，确定是否按报警规则触发，完成工业机器人物模型报警配置的验证，如图 3-40 所示。

图 3-40 报警历史界面

3.3.4 课后练习

1）参考本任务的实操步骤，在本项目的任务 1 课后练习中创建的"工业机器人模型 02- 姓名"中补充报警信息，更新发布后在对应的"工业机器人实例 02- 姓名"物实例中验证。

2）当智能电表出现故障等异常状态时，也可以通过配置报警规则，利用数字孪生技术，在工业互联网平台及时触发故障等异常报警提醒，从而提高设备运行与维护的效率。

参考本任务的实操步骤，按以下要求在本项目的任务 1 课后练习中创建的"智能电表 01- 姓名"物模型中补充报警信息，并在智能电表物实例中验证报警配置是否成功。

① 参考表 3-8，在智能电表物模型中补充报警信息，并更新发布。

表 3-8 智能电表报警信息

报警 ID	报警名称	描述	报警级别	设置报警触发规则	与报警同时上报的属性值
warningSignal	设备故障	设备出现故障	重要	warningSignal==1	warningSignal

② 在智能电表物实例的报警界面验证配置成功，有报警消息触发。

任务 4 设置工业设备数字孪生模型的指令

3.4.1 任务说明

数字孪生在实现了物理世界中的实体设备数字化的同时，也利用工业互联网完成了设备数据的采集及故障等信息的报警。在实际的工业现场，当报警产生时，如电压过高，一般都需要尽快关机，这时通过远程操作关机，完成命令数据的下行控制，也属于数字孪生技术的重要组成部分。这一过程需要基于最后一类可以定义物模型的功能元素——指令。

本任务要求基于工业数字孪生建模平台提供的指令模板，在已创建的工业机器人物模型中添加指令，并在机器人物实例中完成指令验证。

3.4.2 知识准备

1. 物模型的指令

实体设备和其数字孪生体（以下简称为"孪生体"）之间的数据流动是双向的，实体设备可以向孪生体输出数据，孪生体也可以向实体设备反馈信息，决策者可以根据孪生体反馈的信息，对实体设备采取进一步的行动和干预。例如：生产车间目前共有 12 台工业机器人在开机作业，但是实际的生产计划仅需要 8 台机器人就可能按时完成，得到这个信息后，生产组长就可以根据实际情况对其中的 4 台机器人远程下发待机或关机命令，以达到节约成本的目的；当生产要求提高，也可以快速启动设备，投入生产。

这种设备可以被调用的能力或者方法，就是指令，也被称为服务动作。基本原理是操作人员利用电脑、手机等远端遥控设备，通过通信网络将控制指令传送到近端控制器（一般是可编程控制器 PLC），近端控制器接收到控制指令后通过内部的可编程存储器将指令转化为机器语言指令，从而完成对设备的操控，达到远程监测、远程控制、远程维护设备的目的。

除此之外，监测系统会将监测到的数据以及设备的运行情况返回到计算机处理中心，数据平台会将这些数据储存起来并进行分析处理，为后续的控制和检修提供基础。因此，数字孪生一方面可以利用物理实体对象的数字模型，通过实测、仿真和数据分析来实时感知、诊断、预测物理实体对象的状态，同时也可以通过优化和指令来调控物理实体对象的行为。

指令由平台下发给实体设备，实体设备可以返回结果给平台及应用。从执行的流程看，指令还可以进一步分为同步和异步。这取决于动作是否耗时，以及其他应用逻辑对于动作执行结果的依赖关系。

2. 常见的工业设备指令

由于大多数工业设备，如数控机床、冲压机、压缩机等机器占地面积较大，且设备内在结构复杂，可控性较低。因此，对于工厂而言，能监测设备状态并进行远程控制必将成为主流发展趋势。常见的工业设备指令主要有以下几类：

（1）控制指令　主要指对设备进行开机、关机、运动等控制操作的指令，是工业现场最常见的指令类型之一，可以方便管理者根据实际情况和需求，远程快捷地调整设备状态，以达到设备管理的目的。

（2）参数设置指令　这类指令主要适用于含控制器的工业设备，通过指令控制设备的关键参数，例如：可以对烘干机远程下发温度参数指令；在生产线中配合工业机器人，在实现个性化需求的同时，可以大幅提高生产效率。也包括远程下发程序升级包，高效完成系统升级，从而快速处理故障。

（3）复位指令　这类指令通常是由于设备发生故障报警，进行远程升级或处理后，必须人为进行复位才能解除报警，故障复位指令就可以远程完成复位，节省人力成本。

（4）解锁机　挖掘机、压路机、泵车等常见的厂外工程机械设备，对远程监控及操作控制同样拥有极大需求，甚至要求比厂内设备的远程控制更灵活，最具代表的指令就是解锁机。为了更好地拓展销售，造价较高的工程机械设备除了全款购买，也会创新租赁、贷款等不同的销售形式，解锁机就可以有效地保障卖家或租赁方的权益，配合设备工况的实时监控，一旦出现异常，如还款逾期或租赁超期，设备的所有方就可以远程锁机，暂停使用方的使用权利。在实际的应用中，通常还会分不同的等级，从限制设备运动速度的提醒到完全停机。根云工业互联网平台在服务电动车行业中，通过解锁机对车辆的防盗也起到了有效防范作用。

3.4.3　任务实施

1. 添加物模型指令

1）由"课程详情"界面进入"工业数字孪生建模"界面，单击"物模型"——"设备"按钮，再单击"工业机器人模型 01-姓名"对应的"查看"按钮，进入物模型信息界面，如图 3-41 所示。

项目 3　构建初级工业设备数字孪生模型

图 3-41　设备物模型列表界面

2）进入物模型信息界面后，单击"修改模型"按钮，物模型切换为可编辑状态，如图 3-42 所示。

图 3-42　进入物模型修改界面

3）在编辑状态下选择"指令"，单击"添加指令"按钮，开始配置模型的指令，如图 3-43 所示。

图 3-43　进入指令信息的添加界面

注意： 基于平台内置模板创建的物模型，没有内置指令配置，需要自定义添加。

4）参考表 3-9 的内容，补充添加物模型指令信息，如图 3-44 所示。

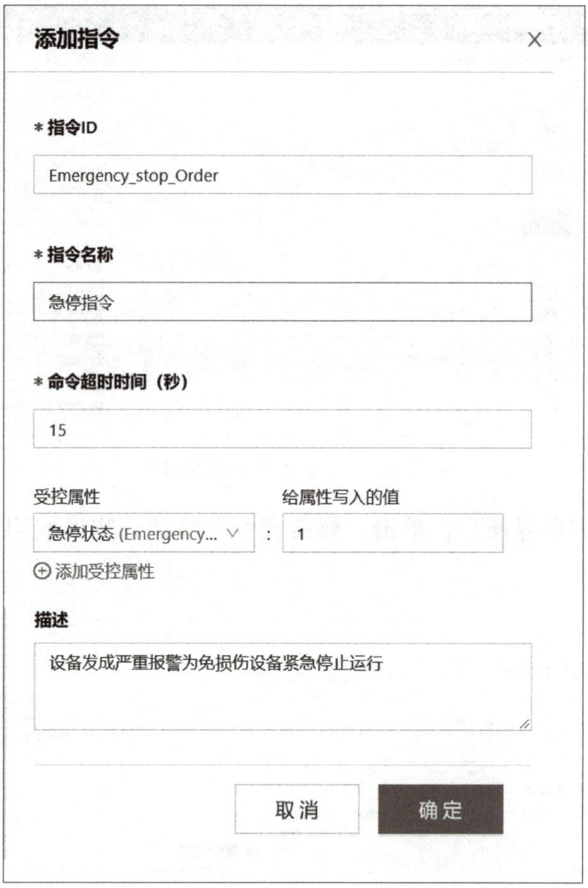

图 3-44 "添加指令"界面

表 3-9 工业机器人物模型指令信息

指令 ID	指令名称	命令超时时间 /s	受控属性	给属性写入的值	描述
Emergency_stop_Order	急停指令	15	急停状态（Emergency_stop）	1	设备发成严重报警为免损伤设备紧急停止运行
eqp_FAULT_RST_Order	故障复位	15	故障信号（warningSignal）	0	用于故障修复后复位
onoffSignal_Order	开关机指令	15	开关机信号（onoffSignal）	—	远程下发开关机指令

注意：仅有"读写操作设置"设为"读写"或"只写"类的属性可以配置指令操作，"只读"类的属性在"受控属性"中不呈现。

2. 更新发布物模型

完成所有指令配置后，单击"更新发布"按钮，如图 3-45 所示。

项目3 构建初级工业设备数字孪生模型

图 3-45 更新发布物模型

注意： 与新增报警配置一样，如果不单击"更新发布"，修改的配置内容仅会存为草稿，不会应用和更新到对应的物实例中。

3. 执行物模型指令

1）在"课程详情"界面中单击"硬件设备"按钮，进入"硬件设备"界面，单击"工业机器人01-姓名"对应的"查看"按钮，如图 3-46 所示。

图 3-46 硬件设备列表界面

2）进入设备信息界面后，单击"启动"按钮，启动工业机器人，如图 3-47 所示。

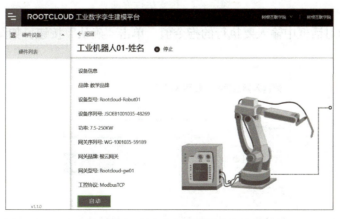

图 3-47 启动硬件设备

3）切换到进入"物实例"界面，可以看到硬件设备启动后，该设备对应的物实例会处于"在线"状态。单击"工业机器人实例01-姓名"对应的"查看"按钮，进入物实例信息界面，如图3-48所示。

图3-48 设备物实例列表界面

4）进入物实例信息界面后，单击"指令"按钮，选中某个需要操作的指令，单击其对应的"执行"按钮，如图3-49所示。

图3-49 指令执行界面

5）在弹出的对话框中输入要执行的指令值，单击"确认"按钮，如图3-50所示。

图3-50 自动带出值的"请输入要给受控属性写入的值"对话框

注意： 如果在物模型中配置指令时，输入了"给属性写入的值"，单击"执行"按钮后就会自动带出该值，也可修改值；如果没有输入"给属性写入的值"，单击"执行"按钮后对话框中的值为空，需要自行输入后再确认下发，如图 3-51 所示。

6）确认下发后，界面会出现指令是否下发成功的提示，如图 3-52 所示。

图 3-51　未自动带出值的"请输入要给受控属性写入的值"对话框

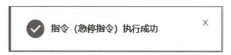

图 3-52　指令执行成功提示

4. 验证物模型指令

1）执行指令后，单击"查看"按钮，查看受控属性的当前工况，如图 3-53 所示。

图 3-53　查看指令受控属性

2）弹出"指令详情"对话框，可以看到受控属性的"当前工况"值为 1，如图 3-54 所示。

图 3-54　"指令详情"对话框

3）切换到"硬件设备"界面，查看对应的"工业机器人 01-姓名"的设备信息，如图 3-55 所示。

图 3-55　"硬件设备"界面

4）启动设备后，单击设备显示屏，查看设备实时信息，如图 3-56 所示。

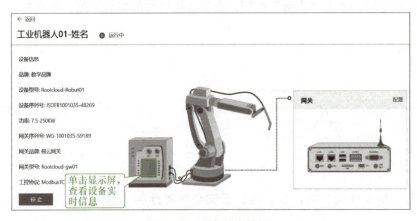

图 3-56　设备信息界面

5）在弹出的"工业机器人 01-姓名"对话框中，查看受控属性（开关机信号和急停状态）的值是否变化，如图 3-57 所示。再查看"物实例"界面中"运行工况"对应属性的值，如图 3-58 所示。如果对应的信息一致，说明工业机器人物模型指令配置正确。

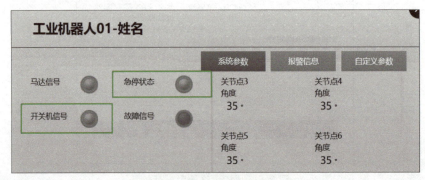

图 3-57　设备实时信息查看界面

项目 3 构建初级工业设备数字孪生模型

图 3-58 物实例运行工况

注意：可以多次对同一受控属性下发不同的值，以准确验证指令操作是否成功。

3.4.4 课后练习

1）参考本任务的实操步骤，在本项目任务 1 课后练习中创建的"工业机器人模型 02-姓名"中，参考表 3-9 的内容补充指令配置，更新发布后在对应工业机器人物实例中验证。

2）设备除了可以远程下发急停指令用于处理突发事件，也会利用数字孪生技术直接远程下发控制设备的开关机指令，便于日常设备管理。

参考本任务的实操步骤，按以下要求在项目 2 任务 1 中创建的"智能电表模型 01-姓名"模型中，补充指令配置。

① 参考表 3-10，在"智能电表模型 01-姓名"模型中补充指令配置，并更新发布。

表 3-10 智能电表模型指令参考

指令 ID	指令名称	命令超时时间 /s	受控属性	给属性写入的值	描述
onoffSignal_Order	开关机指令	15	开关机信号（onoffSignal）	—	远程下发开关机指令

② 在智能电表物实例的指令界面执行指令，可以远程控制设备硬件。

拓展任务 机床设备的数字孪生建模实践

对于国内机床企业而言，如何紧跟时代实现高质量发展，已成为一道难题。许多机床制造企业近年来一直在积极转型，不断优化经营模式。

从 2017 年 12 月起，重庆宏钢数控机床有限公司（以下简称"重庆宏钢"）与树根互联股份有限公司就开展了机床设备物联智能化改造升级项目。在树根互联的帮助下，根据重庆宏钢设备的实际情况完成了其工业设备孪生模型的创建，重庆宏钢的设备得到了全方位监控，数控机床设备具备了数据收集、设备诊断、运行状态可视化等能力。据该企业统计，接入根云工业互联网平台后，重庆宏钢的设备健康度提升20%以上；设备管理效率提升30%以上；设备、配件的预测保养能力上升，维修期缩短30%；维护成本降低30%以上；设备操作人员管理规范率提到95%以上，单个人员产出大幅提高。

基于"硬件设备"界面中提供的机床模板，完成一台机床的数字孪生建模，具体要求如下：

注意：本任务为拓展任务，仅提供任务操作步骤指引，具体操作步骤参考项目2和项目3中任务的实操步骤。

1. 创建机床硬件设备

1）在"硬件设备"界面中，基于所提供的机床模板，新增一台名为"机床-姓名"的机床。

2）单击设备信息界面中的"配置"，基于表3-11和表3-12中的数据，在"点表参数（南向）"中新增采集点，并在"点表映射（北向）"中新增对应的映射。配置过程中，"ClientID""用户名""密码"先自定义填写。

表3-11 机床点表参数模板

参数名称	单位	数据类型	寄存器类型	寄存器地址	位偏移地址	读写要求	规则类型	频率	数据设值	起始值	结束值	步长
进给设定速度	mm/min	Number	数据寄存器	DB1007.6	4	读写	恒定	5s	1500	—	—	—
切削设定速度	m/min	Number	数据寄存器	DB1007.9	4	读写	随机	5s	—	0	50	—
伺服负载	—	Number	数据寄存器	DB1007.15	4	只读	随机	5s	—	0	60	—
伺服转速	r/min	Number	数据寄存器	DB1007.16	4	只读	随机	5s	—	0	3000	—

表3-12 机床点表映射模板

采集点名称	映射变量
进给设定速度	FeedSetSpeed
切削设定速度	CuttingSetSpeed
伺服负载	ServoLoad
伺服转速	ServoSpeed

2. 创建机床及其网关的物模型

1）在"工业数字孪生建模"界面中，基于模板创建机床网关物模型并发布。

2）在平台中创建机床物模型，基于表3-13、表3-14和表3-15中的数据完成物模型的属性、报警、指令的配置并发布。

表 3-13 机床物模型原生属性信息

属性名称	属性ID	数据类型	读写操作设置	属性值来源	连接变量	取值范围	小数点位	历史数据保存方式	工程单位
进给设定速度	FeedSetSpeed	Number	读写	连接变量	FeedSetSpeed	0	保留2位	变化保存	mm/min
切削设定速度	CuttingSetSpeed	Number	读写	连接变量	CuttingSetSpeed	0	保留2位	变化保存	m/min
伺服负载	ServoLoad	Number	只读	连接变量	ServoLoad	0	保留2位	变化保存	—
伺服转速	ServoSpeed	Number	只读	连接变量	ServoSpeed	0	保留2位	变化保存	r/min

表 3-14 机床物模型报警信息

报警 ID	报警名称	描述	报警级别	设置报警触发规则	与报警同时上报的属性值
SpindleTemp_Alarm	主轴温度报警	主轴温度超过安全限定触发报警	重要	SpindleTemperature>45	SpindleTemperature
Spindle_Overload	主轴过载	主轴负载超过安全限定触发报警	重要	SpindleLoad>70	SpindleLoad

表 3-15 机床物模型指令信息

指令 ID	指令名称	命令超时时间/s	受控属性	给属性写入的值	描述
SpindleSetSpeed	主轴设定速度	15	主轴设定速度（SpindleSetSpeed）	—	远程设定主轴速度
onoffStatus	开关机指令	15	开关机信号（onoffSignal）	—	远程下发开关机指令

3. 注册机床及其网关的物实例

1）在"工业数字孪生建模"界面中，注册机床网关的物实例，获取对应的认证标识和认证密钥。

2）注册机床物实例，并关联上一步注册的网关实例，完成设备及网关的物实例注册。

4. 完善机床设备的网关配置

利用机床网关物实例的认证标识和认证密钥，完善机床硬件设备的网关配置，并下发配置。

5. 数字孪生建模的数据验证

1）启动机床硬件设备，在机床硬件显示屏、日志信息、机床物实例运行工况中对照验证采集的数据是否上传成功。

2）在机床物实例中，下发指令操作，对照机床硬件设备中显示屏及日志信息，对照验证下行指令数据。

项目评价

序号	考核技能点	评分标准	分值	得分
1	创建物模型	1）成功创建并发布网关物模型 2）成功创建并发布设备物模型	5	
2	注册物实例	1）成功注册并发布网关物实例，物标识使用的是网关序列号 2）成功注册并发布设备物实例，物标识使用的是设备序列号	5	
3	连接硬件与实例，并进行验证上数	查看"硬件设备"中的设备网关配置，能够正确配置点表映射（北向）关系	15	
4	配置设备物模型的原生属性	1）成功连接硬件设备与物实例，硬件设备的"Client ID""用户名""密码"配置正确 2）学生能够对比相同时间戳下，硬件设备的日志信息的数据与物实例的工况数据，并验证其数据的正确性	25	
5	配置并验证设备物模型的报警信息	能够正确配置属性的数据类型、读写操作和属性值来源	25	
6	配置并验证设备物模型的指令信息	1）能够正确配置报警内容，填写正确的报警触发规则 2）能够查看报警历史，检查报警的时间及对应属性值是否按照报警规则触发	25	
		小计	100	

项目 4　构建进阶工业设备数字孪生模型

项目引入

在项目 3 中，基于设备本身的点表属性及网关可采集到的数据，完成单台工业设备的数字孪生建模，实现了数据的双向流通。为了更好地挖掘数字孪生技术的价值，还可以基于原生属性的数据，设计和计算得到更多与设备能效、业务指标相关的属性，如设备的开机率、作业率等，将这类属性称为"派生属性"。

在真实的工业现场中，不论是设备的复杂性还是产线的复杂性，都远远超乎想象，仅仅是单设备的数字孪生建模显然无法满足更复杂的业务需要，为了更贴近和满足实际的工业设备及现场的需求，多层级数字孪生建模应运而生，如构建一台数控机床、冲压机或一条生产线的数字孪生体等。

本项目要求在单设备数字孪生模型构建的基础上，进一步拓展不同生产线的数字孪生需求，构建多层级的物模型，并在复合物模型中，根据实际业务设置复合物模型的属性和报警，在复合物模型上扩展业务指标。

【知识目标】

- ◇ 了解生产节拍的定义。
- ◇ 了解常见的工业设备管理指标。
- ◇ 了解复合物模型的属性计算函数。
- ◇ 熟悉常见的工业设备派生属性及其作用。
- ◇ 熟悉复合物模型的概念和主要应用场景。
- ◇ 熟悉复合物模型的属性和报警。

【能力目标】

- ◇ 能根据业务需求，添加物模型的派生属性。
- ◇ 能创建复合物模型并注册对应的物实例。
- ◇ 能更新发布复合物模型并验证。

【素质目标】

- ◇ 通过添加物模型的派生属性，具备严谨的逻辑分析能力。
- ◇ 具有独立思考、动手实践的意识。
- ◇ 培养规范、有序的平台操作习惯。

任务1 设置物模型的派生属性

4.1.1 任务说明

在项目 3 中介绍的属性主要用来描述设备状态，在配置物模型属性时，除了可直接采集到的设备点表数据外，还可以利用工业互联网平台，设置基于原生属性的派生属性，例如：根据设备作业信号灯的亮灯时长计算，可派生出设备的作业率。

本任务将介绍常见的设备派生属性及其含义，并基于在项目 3 中创建的工业机器人物模型提供的派生属性模板，添加派生属性，完成物模型更新发布。

4.1.2 知识准备

1. 派生属性的概念

基于物模型属性值来源的不同，需要利用规则表达式对原生属性进行处理运算才能得到的衍生属性称为派生属性，一般适用于偏业务指标的属性，如开机率、作业率等。派生属性的数据值需要对从设备直接采集到的数据进行计算加工才能得到。

2. 常见的派生属性

数字孪生技术的价值一方面在于透明化设备实时工况，另一方面在于基于设备工况衍生的业务数据指导业务决策，派生属性在其中发挥了很大的作用。下面以工业机器人设备及其点表为例（见表 2-1），列举出一些常见的工业设备派生属性。

（1）设备工作状态　设备工作状态是由采集到的设备自身的状态信号来衍生定义的设备当前的工作状态，本书定义了停机、待机、作业和故障共四种设备工作状态。在实际的工业现场，可以根据业务需求重新定义设备工作状态或衍生出更多设备工作状态。

工业机器人设备点表中包含急停状态信号、马达信号、开关机信号共三类设备自身的信号数据，工业数字孪生建模平台定义的几个设备工作状态的派生属性计算逻辑如下：

1）当开关机信号为 0 时，定义设备工作状态为"停机"，返回值为 0。
2）当故障信号为 1 时，定义设备工作状态为"故障"，返回值为 1。
3）当开关机信号为 1 且马达信号为 0 时，定义设备工作状态为"待机"，返回值为 2。
4）当开关机信号为 1 且马达信号为 1 时，定义设备工作状态为"作业"，返回值为 3。

（2）作业时长　汇总统计设备工作状态为"作业"的持续时长，也就是系统返回值为 3 的持续时长（单位：h）。

派生属性"作业时长"是基于派生属性"设备工作状态"计算得到，可见可以通过计算处理物模型中已配置的派生属性，得到的一个新的派生属性。

（3）停机/开机时长　汇总统计设备工作状态为"停机"/"开机"的持续时长，也就是系统返回值为 0/1 的持续时长（单位：h）。

（4）作业率　设备作业率＝设备作业时长/设备开机时长，这个派生属性同样是基于另外的派生属性计算得到。

（5）利用率　设备利用率＝设备作业时长/设备启动的累计时长，要区别于作业率。利用率是以设备第一次启动为起始时间，包括停机、故障、待机、作业等状态，计算设备整体的利用率。

（6）开机率　设备开机率＝设备开机时长／设备启动的累计时长。

（7）总产量　实际的生产现场会有代表产量的属性值可进行运算。在根云工业数字孪生建模平台的模拟设备中，将作业信号⊖以 0→1→0 变化一次记为生产一件，统计变化次数记为总产量。

（8）生产节拍　生产节拍也叫节拍时间，是指连续完成相同的两个产品（或两次服务或两批产品）之间的间隔时间，它可以反应生产能力的大小。换句话说，生产节拍即指完成一个产品所需的平均时间。生产节拍通常用于定义一个流程中某一具体工序或环节的单位产出时间。如果产品必须是成批制作的，则生产节拍指两批产品之间的间隔时间。

生产节拍对生产的作用首先体现在对生产的调节控制，通过生产节拍和生产周期的比较分析，在市场稳定的情况下，可以明确需要改进的环节，从而采取针对性的措施进行调整。生产节拍的另一个作用是能够有效防止生产过剩造成的浪费和生产过迟造成的分段供应不连续问题，并确定工序间的标准手持品数量。生产节拍的使用将会使生产现场的作业规律化，增强生产活动的稳定性，实现定置管理，并作为现场生产率改善的依据。在根云工业数字孪生建模平台的模拟设备中，将作业信号以 0→1→0 变化一次的时长平均值记为生产节拍。

3. 派生属性的计算函数

为了方便派生属性的配置，工业数字孪生建模平台中内置了一些规则的计算函数，说明如下：

（1）calDeviceStatus（A，B，C）　填入 A（开关机类）、B（故障类）、C（作业类）三个参数，会依次计算 A=0、B=1、A=1 且 C=0、A=1 且 C=1 四种结果，固定得到停机、故障、待机、作业四个设备工作状态，因此要求 A 填入开关机信号，B 填入故障信号，C 填入作业信号。

（2）calElapsedTime（X, value）　填入参数 X，会计算 X=value 的累计时长（单位:h）。例如：填入的 X 为"设备工作状态"，填入的 value 为"3"，可得到设备工作状态为 3 的累计时长，即作业时长。

（3）calRunningRatio（X）　填入参数 X，会计算 X 除以设备累计的启动时长。例如：填入 X 为"设备作业时长"，可得到"作业时长／设备累计的启动时长"的值，即利用率。

（4）calWorkingRatio（A，B）　填入参数 A，会计算 A 除以 B 的比率。例如：填入 A 为"设备作业时长"，B 为"设备开机时长"，可得到"设备作业时长／设备开机时长"的值，即作业率。注意：作业率也可以用"/"操作符来计算，分子选择"设备作业时长"属性，分母选择"设备开机时长"属性，即可计算得出。

（5）countsignal（X）　填入参数 X，会统计 X 的值发生 0→1→0 变化的次数。例如：填入 X 为"作业信号"时，可得到作业信号为 0→1→0 的累计变化次数，即总产量。

（6）calProductionCycle（X）　填入参数 X，会统计 X 为"1"的累计时长平均值。例如：填入 X 为"作业信号"时，可得到作业信号为 1 的时长平均值，即生产节拍。

⊖ 为了方便理解，本书把工业机器人的作业信号简化用马达信号表示；但在实际工业现场中，工程师需根据不同的工业设备的特性，采用符合设备作业特征的数据来定义作业信号。

4.1.3 任务实施

1. 为物模型添加派生属性

1）从"课程详情"界面进入"工业数字孪生建模"的"物模型"界面，查看项目 3 中创建的"工业机器人模型 01- 姓名"的模型信息界面，如图 4-1 所示。

图 4-1 "物模型"界面

2）在模型信息界面，单击"修改模型"按钮，使模型处于编辑状态，如图 4-2 所示。

图 4-2 进入物模型编辑状态

3）在模型编辑状态下，选择"属性"，单击"添加属性"按钮，如图 4-3 所示。

图 4-3 添加物模型属性

4）在弹出的"添加自定义属性"对话框中，参考表 4-1，填写自定义派生属性的"基本信息"及"属性值定义"，完成后单击"确定"按钮进行保存，如图 4-4 所示。

项目 4　构建进阶工业设备数字孪生模型

图 4-4　派生属性信息填写界面

注意：基于系统内置模板创建的物模型，已内置部分对应设备的派生属性及其处理规则。派生属性需要利用规则表达式进行运算处理得到，因此，"属性值来源"应选为"规则指定"，需真正理解函数的运算逻辑选择正确的函数及要用到的原生属性。可以在"属性标签"中添加"派生属性"标签。

表 4-1 工业机器人物模型派生属性信息

属性名称	属性 ID	数据类型	读写操作设置	属性值来源	使用函数及属性值	小数点位	历史数据保存方式	工程单位
停机时长	down_time	Number	只读	规则指定	函数：calElapsedTime（statusSignal，value） 属性：设备工作状态 属性值：0	保留2位	全部保存	h
利用率	utilization_ratio	Number	只读	规则指定	函数：calRunningRatio（runningTime） 属性：作业时长	保留2位	全部保存	%
生产节拍	production_cycle	Number	只读	规则指定	函数：calProductionCycle（operationSignal） 属性：马达信号 属性值：1	保留2位	全部保存	min

2. 更新发布物模型

完成派生属性及其规则配置后，单击"更新发布"按钮，如图 4-5 所示。

图 4-5 更新发布物模型

3. 验证派生属性的值

1）如图 4-6 所示，单击"物实例"→"设备"按钮，查看对应的"工业机器人实例 01- 姓名"物实例信息，确保该实例处于"在线"状态（其对应的硬件设备启动后，实例会处于在线状态）。

图 4-6 "物实例"界面

2）在物实例信息界面中的"运行工况"中验证是否产生计算结果，如图4-7所示。

图 4-7　物实例的运行工况

注意：自定义新增的3个派生属性中，"生产节拍"与"利用率"无法准确判断属性值的正确性，因此，验证正确性时，可以根据停机时长，使用开关机指令让硬件设备关机一段时间后再开机，检查停机时长是否有变化。

4.1.4　课后练习

1）参考本任务的实操步骤，在项目3任务1课后练习中创建的"工业机器人模型02-姓名"中，补充派生属性配置，更新发布后在对应工业机器人物实例中验证。

2）派生属性可以更好地挖掘设备实时工况数据的价值，在实现设备实时监控的基础上，甚至可以支撑业务决策，体现出数字孪生技术贴合业务管理需求的价值。

参考本任务的实操步骤，按以下要求在项目3拓展任务中创建的机床物模型中，补充派生属性并更新发布。

① 参考表4-2信息，在机床物模型中补充派生属性并"更新发布"。

② 验证派生属性配置是否成功。

表 4-2　机床派生属性信息

属性名称	属性ID	数据类型	读写操作设置	属性值来源	使用函数及属性值	小数点位	历史数据保存方式	工程单位
停机时长	down_time	Number	只读	规则指定	函数：calElapsedTime（statusSignal，value） 属性：设备工作状态 属性值：0	保留2位	变化保存	h
利用率	utilization_ratio	Number	只读	规则指定	函数：calRunningRatio（runningTime） 属性：作业时长	保留2位	变化保存	%
生产节拍	production_cycle	Number	只读	规则指定	函数：calProductionCycle（operationSignal） 属性：作业信号 属性值：1	保留2位	变化保存	min
作业率	working_ratio	Number	只读	规则指定	函数：calWorkingRatio（workingTime/runningTime） 属性：作业时长，开机时长	保留2位	变化保存	%

注意："作业率"也可以使用操作符"/"计算得到，分子分母分别选择"设备作业时长"和"设备开机时长"。

任务 2　创建复合物模型及物实例

4.2.1　任务说明

本任务以自动加工生产线为场景，组合此前创建的工业机器人物模型和数控机床物模型，完成复合物模型及其物实例的创建与注册，并验证复合物实例数据，用"规则指定"配置业务指标属性，更新发布复合物模型。

4.2.2　知识准备

1. 复合物模型的概念

在项目 3 中介绍了数字孪生的建模，完成了单台工业设备的建模与数据采集，并说明了实体设备的数字孪生物模型由属性、报警、指令三大功能模块组成和定义，这些描述工业设备或网关仪器运行时实时状态及参数的数据，真正在工业互联网平台构成了实体设备的数字镜像。

为了满足复杂的工业设备及工业现场的多层级数字孪生建模需求，根云工业互联网平台引入了复合物模型及复合物实例的概念，它由多个实体设备或实体部件物模型组成，可以结构化的对复杂的工业设备及现场的数字孪生体进行构建和管理。

例如：构建一台如数控机床或冲压机的数字孪生体通常是基于多个核心部件的数字孪生体组成，构建一条生产线的数字孪生体也需要综合生产线上的多台工业设备，包括各类仪表的数字孪生体，才能真正做到现实的数字镜像，因此多层级数字孪生建模应运而生。图 4-8 所示是某智能制造车间的实际生产场景，图 4-9 所示是智能制造车间对应的复合物模型。

图 4-8　某智能制造车间的实际生产场景

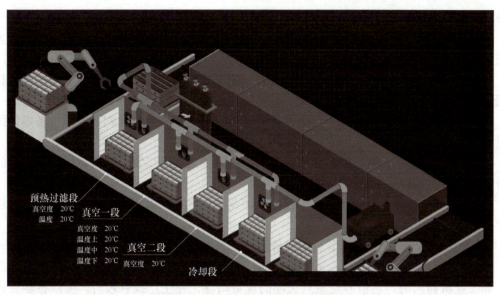

图 4-9 智能制造车间对应的复合物模型

2. 复合物模型的应用场景

（1）设备综合体数字孪生建模　为了方便统一管理由多台实体设备组成的设备综合体，其建模时可以利用复合物模型，如前面提到的工业机器人与其数据监测仪表。

（2）大型工业设备 BOM（物料清单）级数字孪生建模　大型汽车冲压机、大型数控机车等工业设备，为了监测的颗粒度更细、故障数据更清晰、管理效率更高，通常会以 BOM 级实现建模，这时也可以利用复合物模型，由多个 BOM 级物模型组成的复合物模型为单台实体设备的数字孪生模型。

（3）生产线级数字孪生建模　由多台工业设备组成的生产线建模也是复合物模型最常见的应用场景之一，它相比单台设备的数字孪生建模更高阶。挖掘与分析其相应的数据价值也可以从全局上更有效地指导生产现场、甚至生产计划，为决策提供数据支撑。

3. 复合物模型的属性介绍

复合物可以简单理解为物综合体的概念，由有一定逻辑结构的物组合而成，可以是设备与仪表组成的设备综合体，可以是核心部件组成的庞大复杂的工业设备，也可以是不同设备组成的生产线。复合物数字孪生建模时，描述其状态的属性也将是基于单个设备的属性所计算得到的复合物综合体的属性特性。

因此，复合物模型的属性天然拥有派生属性的特征，其属性值需要通过规则指定的方式计算得到，而其属性来源于其下游设备，所以为复合物模型添加属性前，必须在平台中先为复合物模型添加至少一个节点。

复合物的作用是便于设备整体性能管理，复合物模型的属性也应该从为设备整体管理提供决策依据的角度出发进行设计和配置，常见的属性分为以下几类：

（1）统计类属性　这类属性主要是对复合物下的单个物模型节点的设备实例进行统计运算，如统计故障设备数、作业设备数等。

① 总在线设备数：汇总统计复合物下的节点中已联网且运行中的实时设备数量。

② 停机、故障、待机、作业设备数：根据单设备物模型中的"设备工作状态"类属性，

汇总统计复合物下的节点中对应不同状态的实时设备数量。

（2）业务类属性　　这类属性主要包含生产线或工厂整体的业务指标，可以为管理者进行决策支持，通常需要综合运算多台实体设备的属性值，如生产线总产量、生产线生产节拍、生产线作业率、生产线开工率等。当某一属性出现异常，也可以查看单台设备的相关数据的具体情况，精准定位问题。

① 复合物开机率：复合物节点中设备的开机时长之和除以复合物节点中设备累计的启动时长。

② 复合物利用率：复合物节点中设备的作业时长之和除以复合物节点中设备累计的启动时长。

③ 复合物作业率：复合物节点中设备的作业时长之和除以复合物节点中设备的开机时长之和。

④ 复合物总产量：复合物节点中设备的总产量之和。

根据工业现场的实际需求，也可以利用复合物模型属性帮助提升设备的监控管理效率，如工业机器人的马达信号是重点关注的设备属性，在生产线管理时，可以将多台机器人的马达信号都配置到复合物属性中，在复合物实例中可以一目了然地看到所关注的单设备核心属性值。

4. 复合物模型属性的计算函数

为了方便复合物属性的配置，工业数字孪生建模平台中内置了一些计算函数，计算规则如下：

（1）TotalEqpNum　　直接统计该复合物中所有节点中联网且运行中的实时设备数量。

（2）calEqpNum（X，value）　　填入参数 X，可以从复合物中所有的物模型属性中进行筛选，选择后统计 X 的值为 value 的实时设备数量，X 为多选项。例如：X 分别选了复合物下 3 个节点设备的属性和对应的值：

"工业机器人模型 01- 姓名"的属性 device_status，value 输入为"1"；

"工业机器人模型 02- 姓名"的属性 device_status，value 输入为"1"；

"机床模型 01- 姓名"的属性 device_status，value 输入为"1"；

则可以统计得到复合物中设备工作状态（device_status）为故障（返回值为"1"）时的实时设备数量。

（3）calWorkingRatio（X1/X2）　　本函数仅适用于 Number 或 Integer 类型的属性值，X1、X2 会分别计算所选参数之和，可选择复合物下所有物模型中的值为 Number 或 Integer 数据类型的属性，函数最终计算出"X1/X2"的值，如复合物的作业率等。

（4）calMultiRatio（X）　　本函数仅适用于 Number 或 Integer 类型的属性值，X 会计算所选参数之和，函数最终计算出 X/ 复合物节点中设备累计的启动时长的值。例如：计算复合物的利用率，则 X 为复合物所有节点设备的作业时长；计算复合物的开机率，则 X 为复合物所有节点设备的开机时长。

5. 复合物模型的报警

由于单台设备本身会基于自身的性能，在单设备物模型中配置报警及报警规则，因此复合物模型的报警也基本遵从指导业务决策、统一设备管理的目标，基于复合物模型属性完成设计和配置，例如：在焊接产线上，故障设备数达到阈值触发报警，或当日总产量低于阈值触发报警等。

4.2.3 任务实施

1. 创建加工生产线复合物模型

1）进入"工业数字孪生建模"的"物模型"界面，如图 4-10 所示，单击"创建"按钮。

图 4-10 "物模型"界面

2）设置"类型"为"复合物"，输入"模型名称"为"加工生产线模型 01- 姓名"，单击"创建"按钮，如图 4-11 所示。

图 4-11 创建复合物模型

3）进入复合物模型信息界面，在复合物目录树下单击"添加节点"，如图 4-12 所示。

图 4-12 在复合物模型目录树下添加节点

4）在弹出的"添加节点"对话框中，输入需要添加的节点信息，如图4-13所示。

图4-13 "添加节点"对话框

注意：复合物模型下的"节点名称"与"节点ID"均可自定义填写，节点名称要求明确各个节点的设备类型或部件类型，便于查看和管理，"节点ID"要求保持唯一性。

5）本任务的加工生产线包含2台工业机器人和1台机床，所以应在加工生产线复合物模型中加入2台工业机器人物模型和1台机床物模型，形成加工生产线复合物模型。可以将前面项目创建的"工业机器人01""工业机器人02"和"机床01"都添加到该复合物模型下，如图4-14所示。

图4-14 复合物模型信息界面

6）完成节点添加后，单击"添加属性"按钮，添加复合物属性配置，如图4-15所示。

图4-15 进入复合物模型属性添加界面

7）在弹出的"属性值定义"对话框中，根据表 4-3 中的数据完成复合物属性配置。

注意：在"请选择属性"文本框中可以输入关键字搜索所需的属性以提高效率。复合物模型属性函数使用示例如图 4-16~图 4-19 所示。

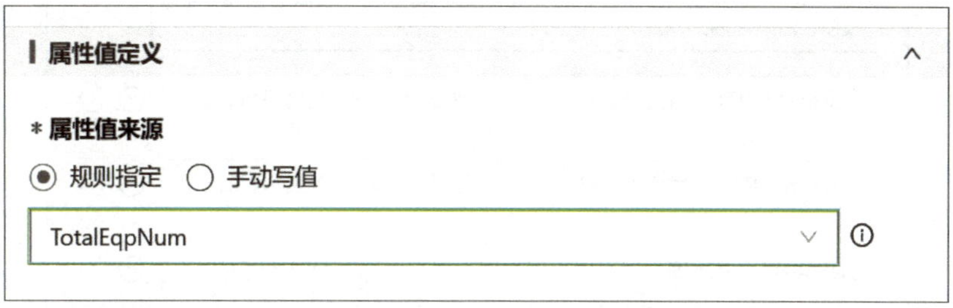

图 4-16 统计复合物中联网且在运行中的实时设备数量

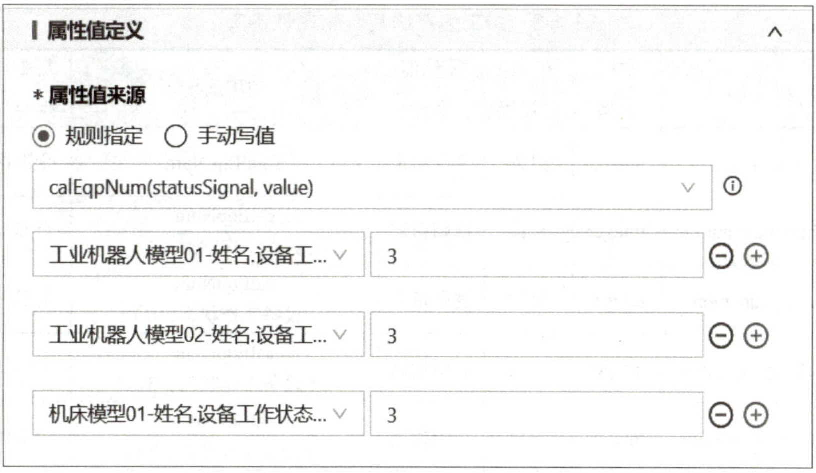

图 4-17 统计复合物中的设备工作状态为作业时的实时设备数量

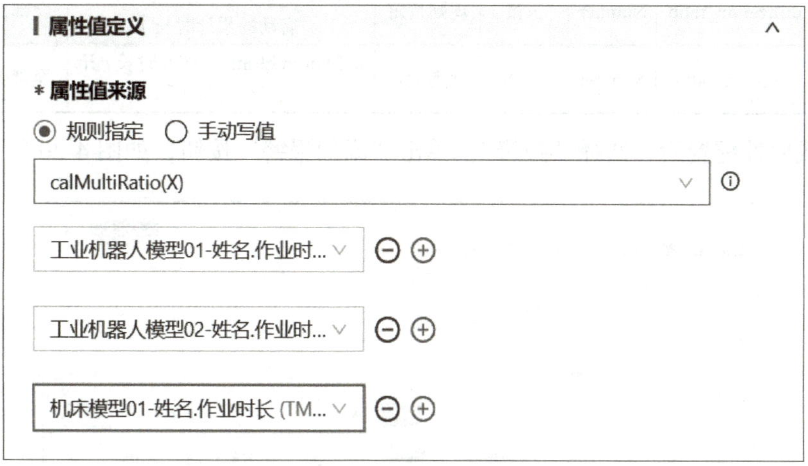

图 4-18 计算复合物的利用率

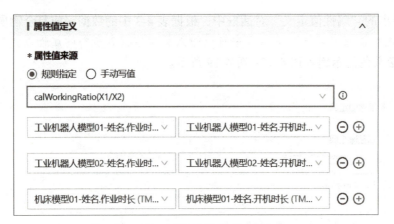

图 4-19 计算复合物的作业率

表 4-3 加工生产线复合物属性参考

属性名称	属性 ID	数据类型	读写操作设置	属性值来源	使用函数	历史数据保存方式	工程单位
总在线设备数	eqp_num	Integer	只读	规则指定	TotalEqpNum	全部保存	台
故障设备数	fault_eqp_num	Integer	只读	规则指定	calEqpNum（设备工作状态，1）	全部保存	台
停机设备数	down_eqp_num	Integer	只读	规则指定	calEqpNum（设备工作状态，0）	全部保存	台
作业设备数	working_eqp_num	Integer	只读	规则指定	calEqpNum（设备工作状态，3）	全部保存	台
待机设备数	standby_eqp_num	Integer	只读	规则指定	calEqpNum（设备工作状态，2）	全部保存	台
开机率	eqp_running_ratio	Number	只读	规则指定	calMultiRatio（开机时长/设备启动的累计时长）	全部保存	%
利用率	eqp_utilization_ratio	Number	只读	规则指定	calMultiRatio（作业时长/设备启动的累计时长）	全部保存	%
作业率	eqp_working_ratio	Number	只读	规则指定	calWorkingRatio（作业时长/开机时长）	全部保存	%

8）完成属性配置后，选择"报警"，单击"添加报警"按钮，如图 4-20 所示。

图 4-20 进入复合物模型报警信息添加界面

9）在弹出的"添加报警"对话框中，根据表 4-4 中的数据完成复合物报警配置，如图 4-21 所示。

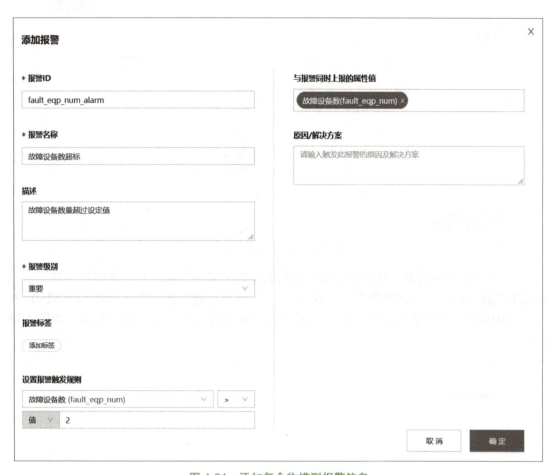

图 4-21　添加复合物模型报警信息

表 4-4　加工生产线复合物模型报警参考

报警 ID	报警名称	描述	报警级别	设置报警触发规则	与报警同时上报的属性值
fault_eqp_num_alarm	故障设备数超标	故障设备数量超过设定值	重要	fault_eqp_num>2	fault_eqp_num
down_eqp_num_alarm	停机设备数超标	停机设备数量超过设定值	重要	down_eqp_num>2	down_eqp_num

10）完成复合物属性和报警配置后，单击"发布"按钮，完成加工生产线的复合物模型创建。

2. 注册加工生产线复合物实例

1）单击"物实例"按钮，进入"物实例"界面。单击"注册"按钮，选择"复合物"按钮，开始复合物实例的注册，如图 4-22 所示。

图 4-22　注册复合物实例

2）在"注册物实例"界面中，填写注册物实例的基本信息。在"选择复合物"下拉列表中选择"加工生产线模型 01- 姓名"；输入"实例名称"为"加工生产线实例 01- 姓名"；"物标识"可自定义填写，注意不要重名，完成后单击"下一步"按钮，如图 4-23 所示。

图 4-23　注册复合物实例基本信息填写界面

3）进入到"部署实例"界面，在复合物模型添加的单设备物模型节点中选择与之对应的设备实例，最后单击"完成"按钮，完成复合物实例的注册，如图4-24所示。

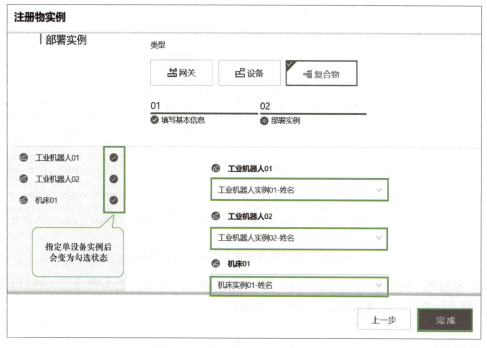

图 4-24 注册复合物实例部署页面

注意：当前在复合物部署实例时，同一物模型注册的设备实例，仅能选择一个。

4）完成注册后，跳转到进入复合物实例信息界面。如果有修改需求，可以单击右上角的"重新部署"按钮，重新部署该复合物实例，如图4-25所示。

图 4-25 重新部署复合物实例

3. 验证加工生产线复合物实例数据

1）进入"硬件列表"界面，启动复合物实例节点中所对应的设备，使之处于"运行中"的状态，如图4-26所示。

图 4-26 启动复合物实例节点对应的设备

2）返回到"物实例"界面，查看"加工生产线 01- 姓名"的实例信息，在"运行工况"中验证是否产生计算结果，如图 4-27 所示。

图 4-27 复合物实例运行工况

注意：自定义新增的复合物属性大都无法准确判断属性值的正确性，因此，在验证正确性时，可以根据各设备实例的"在线"状态，检查"总在线设备数"是否准确。

4. 更新复合物模型及其实例

在自动加工生产线的复合物模型中，应该包含智能电表，以便准确地采集电流、电压等数据，为判断设备异常提供有力支撑。

1）单击"物模型"按钮，进入到"物模型"界面，查看"加工生产线模型 01- 姓名"复合物模型信息，如图 4-28 所示。

2）进入到物模型信息界面，单击"修改模型"按钮，如图 4-29 所示。

3）进入到物模型的修改界面后，单击"添加节点"按钮，如图 4-30 所示。

项目 4　构建进阶工业设备数字孪生模型

图 4-28　进入"物模型"界面

图 4-29　进入复合物模型的修改界面

图 4-30　为复合物模型添加节点

4）在弹出的"添加节点"对话框中输入智能电表节点的信息，其中"节点名称"和"节点 ID"可自定义填写，"设备模型"选择项目 3 中创建的"设备 / 智能电表模型 01- 姓名"，完成后单击"确定"按钮，如图 4-31 所示。

图 4-31 添加节点对话框

5)单击"更新发布"按钮,完成自动加工生产线复合物模型的更新,如图 4-32 所示。

图 4-32 更新发布复合物模型

6)单击"物实例"——"复合物"按钮,单击"加工生产线实例 01- 姓名"对应的"查看"按钮,如图 4-33 所示。

图 4-33 进入复合物实例信息界面

7）在复合物实例信息界面中单击"重新部署"按钮，如图 4-34 所示。

图 4-34　进入复合物实例信息修改界面

8）在"重新部署复合物实例"界面中，设置"智能电表 01"节点对应的物实例为"智能电表实例 01- 姓名"，单击"完成"按钮，如图 4-35 所示。

图 4-35　"重新部署复合物实例"界面

9）完成智能电表物实例的添加后，进入"硬件设备"界面，启动加工生产线复合物实例中的所有设备，如图 4-36 所示。

图 4-36　启动加工生产线复合物实例中的所有设备

10）进入到复合物实例信息界面，查看"运行工况"，可以根据"总在线设备数"与启动的设备数是否一致，验证复合物实例是否重新部署成功，如图4-37所示。

图 4-37　复合物实例运行工况

注意：验证时，新添加的智能电表设备需要保证它在"硬件设备"界面中的状态处于"运行中"，否则可能存在误差。

4.2.4　课后练习

一台码垛工业机器人正在按照工厂生产排程计划搬运工件，为了更好地了解它的实时数据，为其加装了一台智能电表，两台设备组成了一个设备综合体，除了生产线级的复合物，由单台设备及其辅助设备组成的设备综合体也是复合物模型常见的应用场景。

请参考本任务的实操步骤，按以下要求创建一个名为"工业机器人综合体-姓名"的复合物模型，并完成其物实例部署。

1）在已创建的物模型中选择一个工业机器人和一个智能电表，并参考表4-5的信息完成复合物模型的创建。

2）基于已创建的复合物模型，注册复合物实例，并完成部署。

表 4-5　工业机器人综合体复合物属性参考

属性名称	属性ID	数据类型	读写操作设置	属性值来源	使用函数	历史数据保存方式	工程单位
总在线设备数	eqp_num	Integer	只读	规则指定	TotalEqpNum	全部保存	台
故障备数	fault_eqp_num	Integer	只读	规则指定	calEqpNum（device_status，1）	全部保存	台

项目评价

序号	考核技能点	评分标准	分值	得分
1	配置设备物模型的派生属性	1）能够正确配置派生属性的数据类型、读写操作和属性值来源 2）能够正确使用业务指标的计算规则	30	
2	创建复合物模型	1）能够创建复合物模型，并添加节点 2）能够正确配置复合物模型的属性 3）能够正确配置复合物模型的报警信息	30	
3	注册复合物实例	1）能够注册复合物实例，正确填写基本信息 2）能够正确部署复合物实例	20	
4	验证复合物实例数据	学生能够对比相同时间戳下，硬件设备的数据与复合物实例的工况数据，并验证其数据的正确性	20	
		小计	100	

项目5 设置单设备可视化应用项目

项目引入

在前面的项目中,已经完成了单设备和生产线物联接入和数字化孪生建模,并为了更好地了解和监控设备能效和业务指标,也设置了不同的派生属性。为了便于监控和了解生产能效,最终提高生产率,需要对设备的一些基本指标情况和业务指标进行可视化展示。

本项目针对单设备的可视化进行任务展开,需要在根云工业数字孪生建模平台创建可视化项目,创建可视化应用组件,将组件数据源关联物实例并验证数据与设备的一致性,设置报警并验证,最后完成单设备的可视化监控大屏构建。

【知识目标】

- ◇ 了解可视化应用的作用及主要应用场景。
- ◇ 了解可视化应用的基本组成。
- ◇ 熟悉组件的操作及数据源配置方法。
- ◇ 熟悉文本组件、仪表盘组件、图片组件的使用方法。
- ◇ 熟悉指令下发按钮和指令本文的使用方法。

【能力目标】

- ◇ 能创建单设备可视化大屏项目。
- ◇ 能使用文本组件和图片组件配置设备的基本信息。
- ◇ 能使用合适的组件配置设备的工况信息,并验证工况数据的准确性。
- ◇ 能配置工业机器人指令下发和报警,并验证指令及报警的准确性。

【素质目标】

- ◇ 具备动手实践能力、解决问题能力。
- ◇ 保持求知上进、独立思考的学习态度。
- ◇ 具有创新意识。
- ◇ 养成主动检验成果的习惯。

任务1　创建单设备可视化大屏项目

5.1.1　任务说明

本任务主要介绍可视化应用的定义、其主要使用场景及重要功能，并要求使用空白模板，创建一个工业机器人单设备的可视化应用项目。

5.1.2　知识准备

1. 可视化应用功能

根云工业数字孪生建模平台的可视化应用是服务于工业设备管理及服务的云端可视化工具平台，用户可以根据个性需求进行自由配置和界面设计，实现从后端数字孪生建模到前端展示的功能与服务的集成。

可视化应用通过图形可视化以及产品轻量化，可生动、直观地展示设备指标参数、工况统计信息、远程监控界面、综合管理大屏等工业管理界面。

可视化应用让枯燥的工业数据依托丰富的业务组件，实现数据可视化、管理规范化、监控远程化、企业互联网化，以满足工业用户日常管理、运行指挥、实时监控、演示汇报等多种生产业务场景的需要。

2. 可视化应用的应用场景

（1）厂内生产管理　可视化应用可以对接生产、业务、运行与维护、设备综合效率（Overall Equipment Effectiveness，缩写为OEE）、维修保养、工艺流程、能耗分析以及产能预测等，设置厂内生产管理看板，使相关数据一目了然，使工厂的生产运营工作更简单、更直观、更高效。

1）油管线类工艺流程展示如图5-1所示。

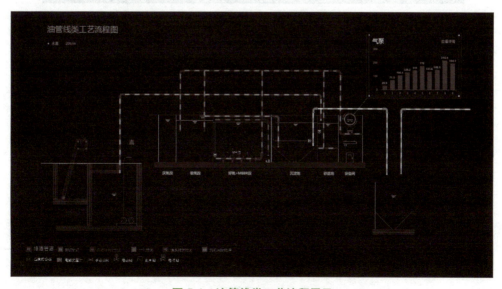

图5-1　油管线类工艺流程展示

2）设备运行状态展示如图 5-2 所示。

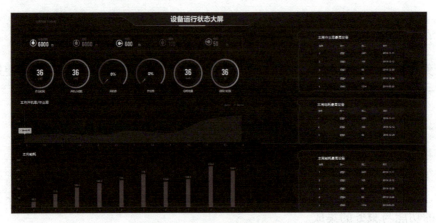

图 5-2　设备运行状态展示

3）生产管理展示如图 5-3 所示。

图 5-3　生产管理展示

4）效率管理展示如图 5-4 所示。

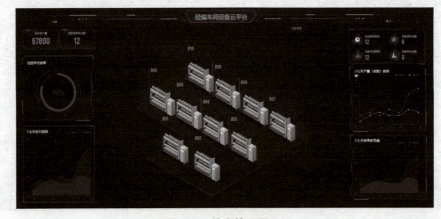

图 5-4　效率管理展示

项目 5　设置单设备可视化应用项目

（2）厂外设备监管　基于根云工业互联网平台物联接入能力及数字孪生建模技术，可以搭建设备数字双胞胎，实现设备远程监控和管理，如图 5-5 所示。

图 5-5　远程监控展示

（3）生产线数字仿真　基于设备数字孪生模型，搭建生产线数字仿真模型，实现生产效率和设备健康的综合运行与维护，生产线数字仿真展示如图 5-6 所示。

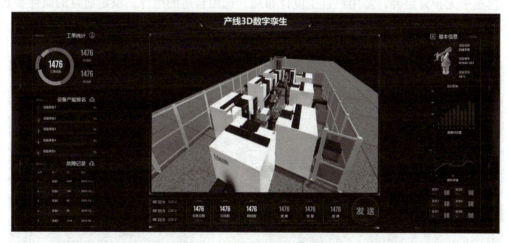

图 5-6　生产线数字仿真展示

注意：以上可视化应用的界面展示中部分内容源自项目定制效果。

3. 可视化应用基本组成

（1）项目　在工业数字孪生建模平台中，可视化项目是设备的可视化文件集，包含界面、内容、数据及相关文件。通过配置界面内的组件及属性参数，设置连接数据源，可实现对该类型设备的多种可视化展示效果的设定。

在"项目列表"中可查看用户创建的所有设备的可视化项目，支持按照项目名称进行筛选。"可视化应用"界面如图 5-7 所示。

图 5-7 "可视化应用"界面

（2）模板　平台提供专用模板与空白模板两种模板。专用模板是系统为用户预置的可用模板。在专用模板中已设置一系列组件，可为用户实现默认的界面展示效果，如图 5-8 所示。通过编辑修改界面中的组件及属性，用户可以实现符合自己要求的可视化界面效果。空白模板中无预置组件，需用户自主设计布局，选用合适的组件，设定适宜的属性参数以实现预期效果，如图 5-9 所示。

图 5-8　专用模板

（3）素材　在根云工业数字孪生建模平台的可视化应用中，素材有两种来源，一种是系统自带的素材，包括了设备、图标、装饰、背景等，集合在系统素材库中。另一种是在素材中没有适用的素材，需用户自定义上传的。

项目5 设置单设备可视化应用项目

图 5-9 空白模板

1)"系统素材库"是系统为用户提供的基本资料库,包含设备、图标、装饰、背景等图库,如图 5-10 所示。进入"系统素材库",找到要用的素材,拖动其到属性区或数据源区的图片框中即可。

图 5-10 系统素材库

2)"我的素材库"是用户自行上传并管理的图元资料库,支持用户创建素材文件夹,并上传资料到文件夹备用。素材文件支持 jpg、png、gif、svg、zip、mp4、mp3、mpeg、webp 等格式,单个文件大小建议 5MB 以内。

用户可以在"可视化应用"首页的"素材库管理"中单击"新建文件夹"按钮,如图 5-11 所示。上传个性化素材,如图 5-12 所示。在设计使用时,用户可以在"我的素材库"中通过素材名称进行快速检索,也可以对文件夹进行重命名或者删除操作,如图 5-13 所示。

139

图 5-11 创建素材文件夹

图 5-12 上传个性化素材

图 5-13 素材文件夹管理界面

项目5 设置单设备可视化应用项目

5.1.3 任务实施

1)使用根云教育账号与密码完成登录,在"课程详情"界面中单击"可视化应用"按钮,进入可视化应用界面,如图5-14所示。

图5-14 进入可视化应用界面

2)在可视化项目列表界面中单击"创建项目"按钮,如图5-15所示。

图5-15 创建新的可视化项目

3)在弹出的"创建新项目"对话框中,"项目名称"可自定义,本例中输入"工业机器人单设备可视化","大屏模板"选择空白模板,最后单击"确定"按钮,如图5-16所示。

图 5-16 "创建新项目"对话框

注意：本任务使用空白模板创建可视化应用项目，如果使用专用模板创建，可按照项目 1 中的"（8）可视化应用搭建"的操作步骤进行创建，也可以在弹出的对话框中，设置"大屏模板"为相应的专业模板进行创建。

4）创建完新项目后，自动跳转到可视化应用项目的编辑状态，单击"保存"按钮，即可完成可视化应用项目的创建，如图 5-17 所示。

图 5-17 可视化应用项目的编辑界面

注意：用户在进行完可视化项目编辑后，应及时单击"保存"按钮，以保存页当前设置，平台暂不支持自动保存。当用户进行界面设计时，可单击"预览"按钮随时查看当前界面的设计效果。

5.1.4 课后练习

在项目 3 和项目 4 的任务中已经完成对机床的各类属性、报警和指令的数字孪生建模以及物实例创建。为便于实时掌握机床运行过程中各参数信息，参考本任务的实操步骤，在根云工业数字孪生与建模平台的可视化应用中，按以下要求完成机床可视化项目的创建：

1）利用可视化应用中空白模板创建项目。
2）使用"姓名+机床"为该项目命名。

任务 2　设计可视化大屏的基本信息

5.2.1　任务说明

本任务主要使用文本组件和图片组件来添加可视化应用项目的基本信息，将组件数据源关联到工业机器人物实例。完成添加后，需要验证可视化应用数据与工业机器人硬件设备信息是否一致，最终能正确展示单台工业机器人的设备信息和部分实时数据。

5.2.2　知识准备

1. 组件功能

在根云工业数字孪生建模平台的可视化应用中，组件是数据的图形化载体，通过选择不同的组件，设备数据可以用多种方式展示。使用组件需要配置属性和数据源，其中组件的属性用于定义组件的图形展示效果；组件的数据源用于确定组件展示的数据，不同的组件可以关联不同种类的数据，如图5-18所示。

图 5-18　组件的属性和数据源

2. 组件的数据源

通过配置组件的数据源来实现组件对设备工况、报警以及指令的展示，使可视化界面与设备实现真正联动。这些数据源可以是设备指标参数和作业统计数据，还可以是指示灯和状态图等。当设备数据满足了预先设置的特定条件，组件还能通过特定的警示颜色、闪动来提醒用户注意。

单击选中组件后，可以在界面右侧"数据源"中选择相关信息进行配置。如果勾选

"继承页面模型",该组件在配置数据源时会默认关联在界面编辑区内绑定的物模型及物实例信息。若不勾选,则需按顺序依次选择对应的物模型、物实例、关联属性,如图5-19所示。

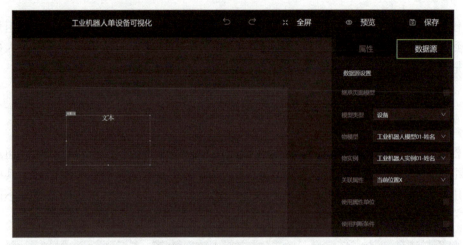

图 5-19　设置组件数据源

3. 组件的快捷操作

(1) 添加 / 删除

1) 添加组件。在可视化应用中,添加组件有三种方式,分别如下:

① 打开可视化应用项目进入编辑界面,单击需要编辑组件,编辑区将创建相应组件,单击组件并拖动其到目标位置即可,如图5-20所示。

图 5-20　添加组件方式一

② 打开可视化应用项目进入编辑界面,在组件栏选中组件并按住光标左键不放,拖动组件到编辑区目标位置松开光标左键即可,如图5-21所示。

③ 通过复制已有组件的方式来添加。选中编辑区中的组件,然后单击光标右键,从右键菜单中选择"复制",拖动组件到目标位置即可,如图5-22所示。

图 5-21 添加组件方式二

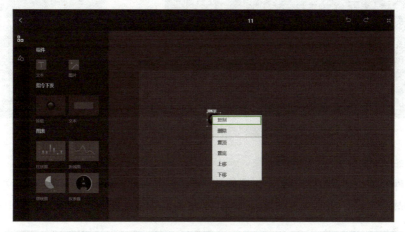

图 5-22 添加组件方式三

2）删除组件。选中编辑区中的组件，然后单击光标右键，在弹出的菜单中选择"删除"，如图 5-23 所示。或者选中编辑区中的组件，按 <Delete> 键进行删除。

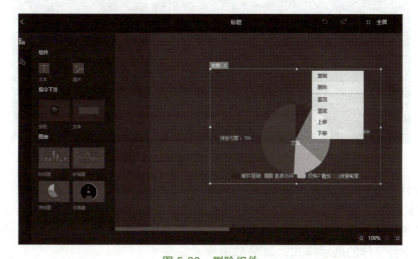

图 5-23 删除组件

（2）图层　如涉及多个组件组合堆叠使用，为便于快速选中组件进行编辑，可按实际使用情况调整各组件图层的顺序。例如：选中组件，然后单击光标右键，在弹出的菜单中选择"置顶"，就可以将该组件置于各组件最上层；选择"置底"，可以将该组件置于各组件最下层；选择"上移"或"下移"，可以将组件向上或向下移动一层，如图 5-24 所示。

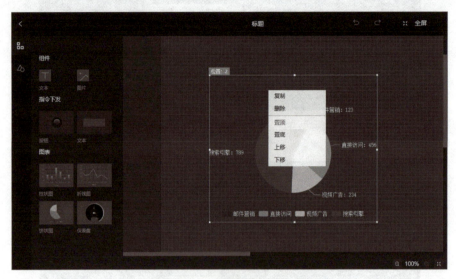

图 5-24　组件的图层顺序调整

4. 文本组件

文本组件是基本组件的一种，也是使用率较高的一种，用以展示输入的文本信息，主要用于展示固定内容，实时采集值等。该组件在编辑界面中的位置如图 5-25 所示。

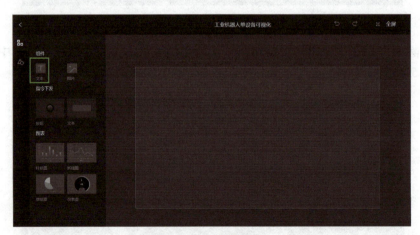

图 5-25　文本组件

（1）属性配置

1）文本属性。在"文本属性"中的"文字内容"文本框中可以输入显示在文本框中的内容，还可以通过设置字体、字体颜色、字体显示常规或加粗、字号大小、行间距以及对齐方式来设计字体的展示样式，如图 5-26 所示。

2）文本框样式。通过设定圆角数值、填充颜色、边框和阴影来设计文本框样式，如图 5-27 所示。如果勾选了"边框"和"阴影"，则会显示需要设置的边框和阴影细节。

图 5-26 文本属性设置

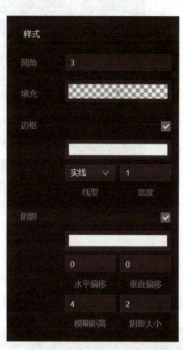

图 5-27 文本框样式设置

3）跳转页面。如果需要可视化应用项目在最终展示时，能够通过单击文本跳转到另一个界面，可以在"跳转页面"的下拉列表中选择需要跳转的可视化应用项目，如图 5-28 所示。

图 5-28 跳转界面设置

（2）数据源设置　文本组件如果不设置数据源，就只能显示输入的文字内容。如果需要显示设备的某项属性值，则需要对文本组件的数据源进行设置，文本组件的数据源设置如图 5-29 所示。

如果想使文本显示的数据自带属性单位，则可以勾选"使用属性单位"。

如果想让文本内容根据不同的条件分别显示不同"文本""字体颜色"或"背景颜色"等，则可以勾选"使用判断条件"。判断条件即是数据源的条件筛选功能。所有的筛选条件组之间是"并且"关系。

在"判断条件"区域，单击"+"进行新增，选择合适的"筛选条件"运算符，在文本框输入具体数值，与运算符号组合形成数据筛选条件，为每个筛选条件添加对应显示组件，当实时属性值符合本筛选条件时则显示相应组件，如图 5-30 所示。

图 5-29 文本组件的数据源设置

图 5-30 判断条件的设置

5. 图片组件

图片组件也是可视化应用设计中常用组件的一种，可以用本地或者网络图片实现对组件的生动表达。该组件在编辑器中的位置如图 5-31 所示。

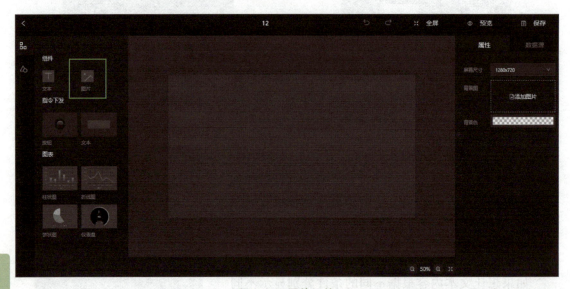

图 5-31 图片组件

（1）属性配置

1）基本设置。"尺寸"包括图片组件的"宽"和"高"，可以输入数值自定义大小，也可以通过拖拽的方式改变组件的宽和高。单击"添加图片"按钮，可以添加需要显示的图片，如图 5-32 所示。

2）图片属性。"填充方式"下拉列表中包括"拉伸""填充""覆盖""居中"；拖动"透明度"滑动按

图 5-32 图片尺寸设置

钮或输入数值可以进行图片透明度设置；如果勾选了"边框"和"阴影"，会显示相应需要设置的内容；图片组件的"跳转页面"的功能与文本组件的"跳转页面"的功能一致，如图 5-33 所示。

图 5-33　图片属性设置

（2）数据源设置　图片组件的数据源设置方式与文本组件的一致，如图 5-34 所示。

如果想要在图片组件添加判断条件，则可以单击"+"进行条件添加。可以添加不同图片，以便在不同条件下显示不同的图片内容，如图 5-35 所示。

图 5-34　图片组件的数据源设置　　　　图 5-35　判断条件设置

5.2.3 任务实施

通过本任务的实操步骤,最终需要完成的可视化大屏的显示效果如图 5-36 所示。

图 5-36 本任务要实现的可视化大屏显示效果

1. 设计可视化大屏布局

1)从"课程详情"界面进入到"可视化应用"界面,单击"工业机器人单设备可视化"项目的"编辑"按钮,进入编辑界面,如图 5-37 所示。

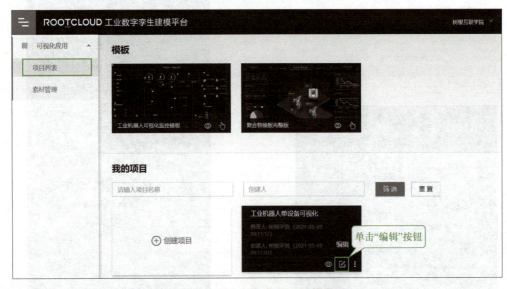

图 5-37 进入可视化项目编辑界面

2)进入编辑界面后,在"属性"选项卡中单击"添加图片"按钮,对背景图片进行更换,本示例使用的"屏幕尺寸"为"1280×720"(可根据实际情况自定义屏幕尺寸),如

图 5-38 所示。

图 5-38 更换背景

3）在弹出的"选择图片"对话框中，选择"系统素材库"中的"工业机器人可视化监控模板素材"文件夹中的背景图，单击"确定"按钮，完成可视化大屏的背景图设置，如图 5-39 所示。

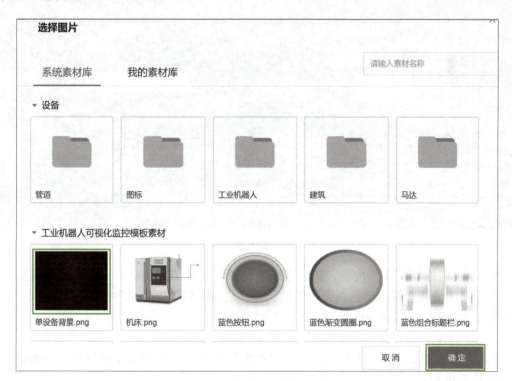

图 5-39 "选择图片"对话框

注意： 也可以选择"我的素材库"中自定义上传的素材。

4）完成背景图设置之后，为可视化大屏界面设置数据源，设置"模型类型"为"设备"，"物模型"为"工业机器人模型01-姓名"，"物实例"为"工业机器人实例01-姓名"，如图5-40所示。

5）为界面添加不同模块的分区装饰框。添加图片组件到编辑区，并单击"添加图片"按钮，如图5-41所示。

6）在弹出的"选择图片"对话框中，选择"系统素材库"中的"工业机器人可视化监控模板素材"中的"蓝色科技1"，并单击"确定"按钮，完成图片的添加，如图5-42所示。

7）添加完图片后，通过拖拽方式调整图片的尺寸到合适大小，如图5-43所示。

8）选中新添加的图片，单击光标右键，在弹出的菜单中选择"复制"，把图片复制3个，放在编辑区的合适位置，如图5-44所示。

图 5-40 可视化大屏界面的数据源设置

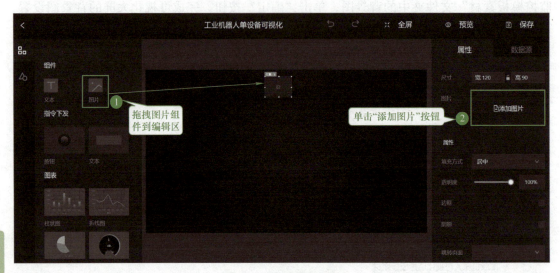

图 5-41 添加图片组件

9）单击"添加图片"按钮，从"系统素材库"中的"工业机器人可视化监控模板素材"文件夹中分别选择"蓝色组合标题栏"和"机械手臂"图片文件添加到编辑区，调整这些图片的大小，并放在合适位置，如图5-45所示。

2. 为可视化大屏设置基本信息

1）通过拖拽文本组件的方式，添加文本组件到编辑区的顶部中间位置，并调整其大小，如图5-46所示。

项目 5　设置单设备可视化应用项目

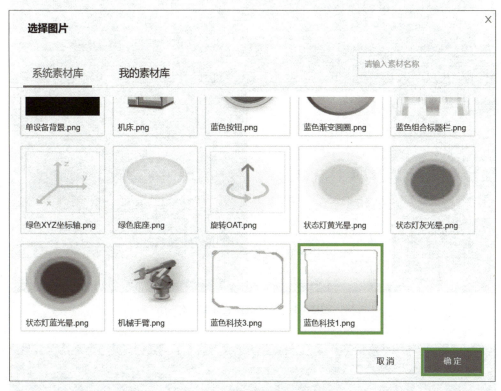

图 5-42　"选择图片"对话框

图 5-43　调整图片大小

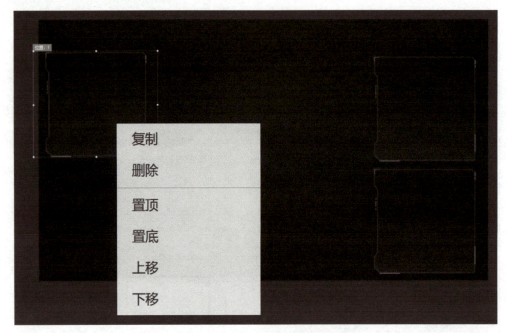

图 5-44 图片组件的复制操作

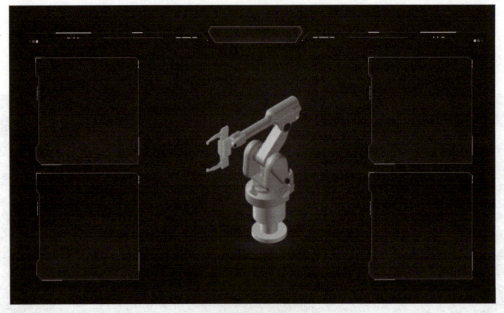

图 5-45 可视化大屏界面布局

2)设置文本组件的属性,在"文字内容"文本框中输入"工业机器人可视化监控",设置"字体"为"微软雅黑",颜色为白色,"字号"为"22","字重"为"加粗",如图 5-47 所示。

注意:"文字内容"文本框中也可以自定义输入其他内容,字体、字号、颜色等均可自定义设置。

项目 5　设置单设备可视化应用项目

图 5-46　添加文本组件

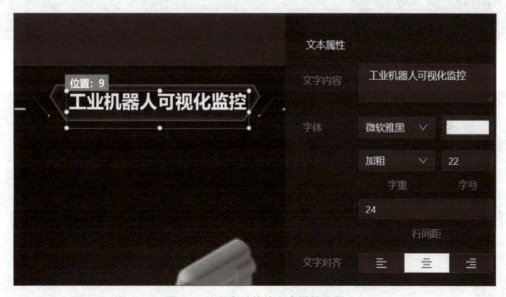

图 5-47　文本组件的文本属性设置

3）添加其他文本组件并修改文字内容，完成工业机器人的设备信息和 4 个模块的标题设置。该步骤中使用的字体为宋体、"字号"为"18"、"字重"为"常规"，如图 5-48 所示。

注意："设备信息"中的内容可以从"硬件设备"界面中的"工业机器人 01- 姓名"的设备信息中复制获取。

3. 为可视化大屏设置工况信息

1）添加两个图片组件，为可视化大屏中的"坐标位置"模块添加"XYZ"位置坐标和"OAT"方向坐标的对应图片。添加六个文本组件，分别修改其"文字内容"为"X""Y""Z""O""A""T"。并调整这些图片和文字的位置到合适的位置，如图5-49所示。

图 5-48　可视化大屏界面布局

图 5-49　添加坐标的图片组件和文本组件

2）在"X"文本组件后，添加新的文本组件，并调整其位置和尺寸；把新添加的文本组件的"文字内容"删除，如图5-50所示。

图 5-50 添加文本组件

3）单击"数据源"，进入该文本组件的数据源设置界面，勾选"继承页面模型"，自动设置"模型类型""物模型""物实例"；"关联属性"选择为"当前位置X"；勾选"使用属性单位"，完成该文本组件的数据源设置，如图 5-51 所示。

图 5-51 文本组件的数据源设置

4）使用同样的方法，在"Y""Z""O""A""T"文本组件后都设置同样的文本组件，分别设置"关联属性"为"当前位置Y""当前位置Z""当前位置O""当前位置A""当前位置T"，如图 5-52 所示。

5）完成以上操作步骤之后，单击"保存"按钮，保存整个界面的设置。然后单击"预览"按钮，查看效果，如图 5-53 所示。

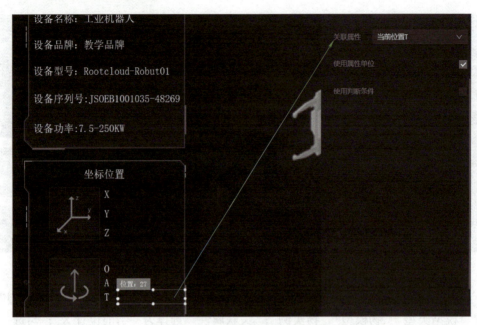

图 5-52 文本组件的关联属性选择

图 5-53 保存并预览设置完成的"坐标位置"模块

4. 验证可视化数据的准确性

1）进入"硬件列表"界面，单击"工业机器人 01- 姓名"对应的"查看"按钮，进入该硬件的设备信息界面，如图 5-54 所示。

2）进入设备信息界面后，单击"启动"按钮，使机器人处于运行状态后，单击"显示屏"处，如图 5-55 所示。

3）比对硬件设备显示屏各属性值与可视化大屏预览视图中的"X""Y""Z"位置对应的属性值是否一致，如图 5-56 所示。

项目 5　设置单设备可视化应用项目

图 5-54　"硬件列表"界面

图 5-55　启动设备并查看显示屏

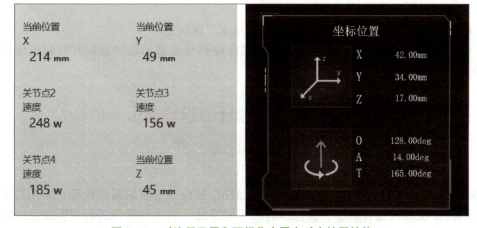

图 5-56　对比显示屏和可视化大屏中对应的属性值

注意： 因不同模块数据更新频率差异可能导致显示屏数据早于可视化大屏数据，可在设备信息界面中的"日志信息"部分查看临近时间戳上报的数据信息。

4）如果数据核对一致，单击"编辑"按钮，返回可视化项目的编辑状态，并单击"保存"按钮，完成设置内容的保存，如图 5-57 所示。

图 5-57　保存可视化项目

5.2.4　课后练习

基于已经创建的机床可视化项目，参考本任务的实操步骤，在根云工业数字孪生建模平台的可视化应用中，利用文本组件和图片组件为机床可视化项目配置基本信息及工况信息，关联数据源后便于工程师实时全面查看的有关信息，能够高效进行设备的运行与维护管理。要求如下：

1）使用文本组件，参考机床硬件设备的基本信息，设置在项目 5 任务 1 中所创建的机床可视化项目的基本信息。

2）组合使用文本组件及图片组件，设置机床工况信息。

3）验证可视化大屏中各工况数据值与机床硬件设备显示屏的相同时间戳的属性值是否一致。

任务 3　设置可视化大屏的报警和指令信息

5.3.1　任务说明

本任务主要介绍使用指令下发按钮实现远程控制设备所需的属性设置；采用自定义报警灯素材设置机器人报警信息，使指示灯在不同情况下以不同颜色进行报警提示，验证可视化应用数据与实例是否一致。

5.3.2 知识准备

指令下发组件包括"按钮""文本"两种，指令下发组件将工业数字孪生建模平台的指令下发功能整合到可视化应用，使用户无须跳转工业数字孪生建模平台，即可完成对特定设备的指令下发操控。

1. 指令下发按钮组件

使用指令下发按钮组件，可以实现在可视化大屏上通过按下按钮远程控制工业设备。该组件位置如图 5-58 所示。

图 5-58　按钮组件

（1）属性设置

1）文本属性。系统支持在按钮上显示文本信息，可以在"文本属性"中对按钮上显示的文字进行设置，包括"按钮文本""字体""字号""行间距""文字对齐"等，如图 5-59 所示。

图 5-59　按钮的文本属性设置

2)样式。通过设置圆角数值、填充颜色、边框和阴影来设计按钮外框的样式;单击"图片"处的按钮可以重设新的图片,如图 5-60 所示。

图 5-60　按钮的样式设置

(2)数据源设置　在按钮的"数据源设置"中,如果勾选"继承页面模型",该组件在设置数据源时会默认关联编辑区内绑定的物模型及物实例的信息;若不勾选,则需按顺序依次选择对应"物模型""物实例"和"关联指令";"下发参数"是按下该按钮时,会下发的指令值,如图 5-61 所示。例如,如果该按钮是对急停状态进行复位,那么"关联指令"就是模型的急停指令,"下发参数"中应输入"0"。

图 5-61　按钮的数据源设置

2. 指令下发文本组件

使用指令下发文本组件,可以实现在可视化大屏上通过输入指令值来远程控制工业设备。该组件的位置如图 5-62 所示。

项目 5　设置单设备可视化应用项目

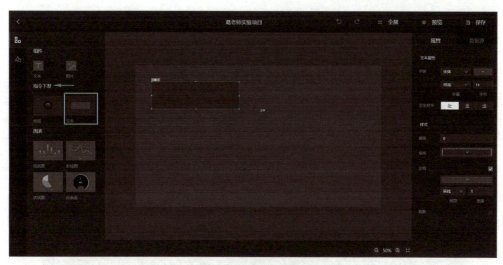

图 5-62　指令文本组件

（1）属性设置

1）文本属性。可以在"文本属性"中对指令下发文本组件显示的文字进行设置，包括"文字内容""字体""字号""行间距""文字对齐"等参数，如图 5-63 所示。

图 5-63　指令下发文本的文本属性设置

2）样式。通过设置圆角数值、填充颜色、边框和阴影来设计输入文本的样式，如图 5-64 所示。

（2）数据源设置　在可视化应用中，使用指令下发文本组件，操作者可以在大屏上输入需要的指令值来远程控制设备，因此其数据源设置不需要预设下发参数，这是与按钮组件的数据源设置的不同之处，如图 5-65 所示。

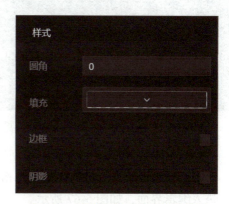

图 5-64　指令下发文本的样式设置

163

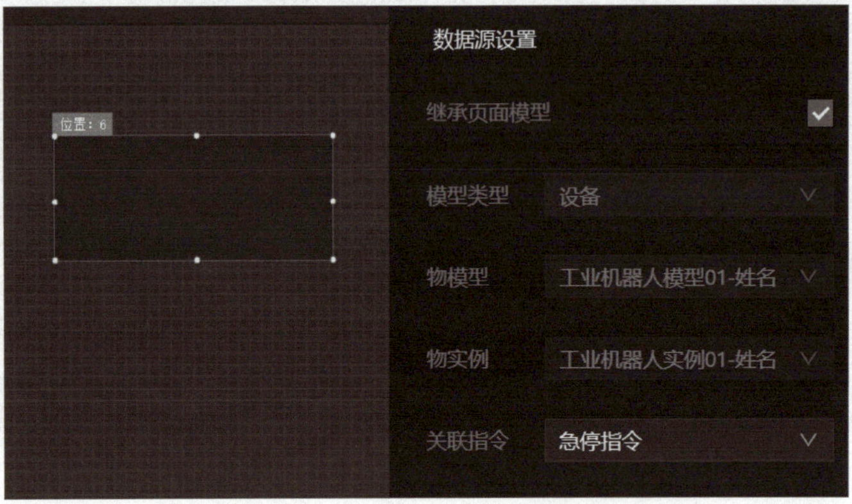

图 5-65 指令下发文本的数据源设置

5.3.3 任务实施

通过本任务的实操步骤，最终需要完成的可视化大屏的显示效果如图 5-66 所示。

图 5-66 本任务需要实现的可视化大屏显示效果

1. 为可视化大屏设置报警信息

1）进入"可视化应用"界面，单击"工业机器人单设备可视化"项目的"编辑"按钮，进入编辑界面，如图 5-67 所示。

项目 5　设置单设备可视化应用项目

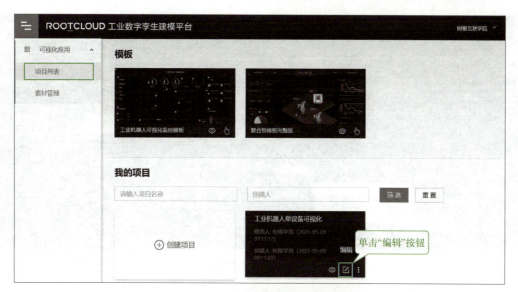

图 5-67　进入可视化项目编辑界面

2）进入可视化项目的编辑界面后，添加六个文本组件到"报警信息"模块中，并调整到合适位置，分别修改"文本内容"为"关节 1 马达电流""关节 2 马达电流""关节 3 马达电流""关节 4 马达电流""关节 5 马达电流""关节 6 马达电流"，"字号"改为"16"，其他设置采取默认值，如图 5-68 所示。

图 5-68　添加并编辑文本组件

3）添加图片组件到"报警信息"模块中，单击"添加图片"按钮添加报警图标，如图 5-69 所示。

4）在弹出的"选择图片"对话框中，选择"系统素材库"中的"图标"→"指示灯"文件夹中的"2.5D 离线"图片文件，单击"确定"按钮，完成图片的添加，如图 5-70 所示。

5）完成图片添加后，切换到"数据源"选项卡，勾选"继承页面模型"，系统自动设置"模型类型""物模型"和"物实例"，"关联属性"选择为"关节 1 马达电流"，如图 5-71 所示。

165

工业数字孪生建模与应用

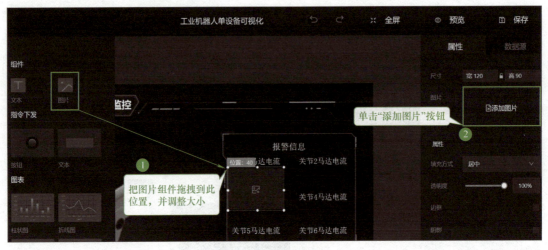

图 5-69　添加报警图标

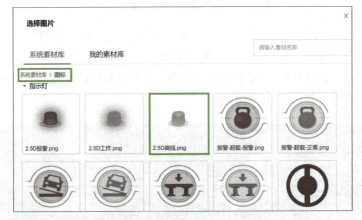

图 5-70　选择离线指示灯图片

图 5-71　图片组件的数据源设置

6）单击"判断条件"后的"+"按钮，系统自动增加"条件1"的设置，在"筛选条件"的下拉列表中选择">"，并输入"250"；选择"系统素材库"中的"图标"——"指示灯"文件夹中的"2.5D 报警"红色报警图标；"不满足条件"的图片选择"2.5D 工作"绿色图标；"数据为空"的图片选择"2.5D 离线"灰色图标。

以上设置表示以关节1马达电流 > 250A 作为判断条件，当关节1马达电流 >250A 时，显示红色指示灯；当电流在 0~250A 时，显示绿色指示灯；当电流数值为空时，显示灰色指示灯，如图 5-72 所示。

7）通过"复制"，为"关节2马达电流"至"关节6马达电流"设置报警指示灯，注意要重新选择"关联属性"为对应的关节马达电流属性，如图 5-73 所示。

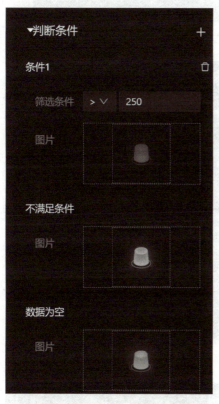

图 5-72　图片组件的判断条件设置

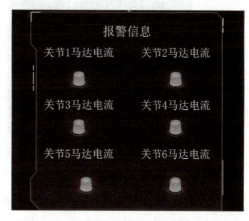

图 5-73　设置不同属性的报警指示灯

2. 为可视化大屏设置状态信息

1）添加1个图片组件到"工作状态"模块中，移动到合适位置。单击"数据源"，进行数据源设置，勾选"继承页面模型"，"关联属性"设置为"设备工作状态"，如图 5-74 所示。

2）单击"判断条件"右侧的"+"按钮，添加4个判断条件。条件1的筛选条件为"==0"，图片选择灰色指示灯，表示停机状态显示灰色指示灯；条件2的筛选条件为"==1"，图片选择红色指示灯，表示故障状态显示红色指示灯；条件3的筛选条件为"==2"，图片选择黄色指示灯，表示待机状态显示黄色指示灯；条件4的筛选条件为"==3"，图片选择绿色指示灯，表示作业状态显示绿色指示灯，如图 5-75 所示。

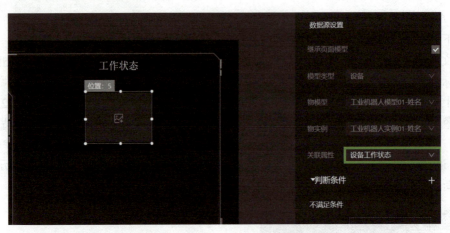

图 5-74　添加图片组件并进行数据源配置

图 5-75　设备工作状态指示灯的判断条件

3）在状态指示灯下添加文本组件，修改"文字内容"为"提示：灰色表示停机、红色表示故障，黄色表示待机，绿色表示作业"，完成后单击"保存"按钮，完成文本组件设置，如图 5-76 所示。

3. 为可视化大屏设置指令按钮

1）添加按钮组件到可视化大屏底部合适的位置，在"按钮文本"文本框中输入"关机"，通过此步骤为可视化大屏增加一个关机按钮，以实现对工业机器人进行远程关机，如图 5-77 所示。

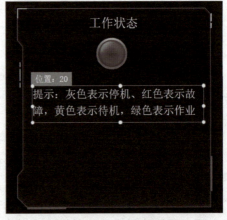

图 5-76　添加文本组件并输入提示内容

项目 5　设置单设备可视化应用项目

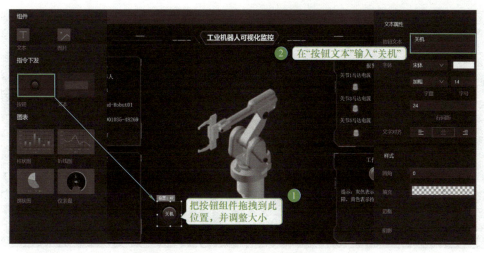

图 5-77　添加关机按钮

2）为按钮组件进行数据源设置，勾选"继承页面模型"，设置"关联指令"为"开关机指令"，在"下发参数"文本框中输入"0"，如图 5-78 所示。

图 5-78　按钮组件的数据源设置

3）添加一个指令下发文本组件到可视大屏底部的合适位置，修改其显示字体的"字号"为"22"（也可自定义其他数值），如图 5-79 所示。

4）为指令下发文本组件进行数据源设置，勾选"继承页面模型"，设置"关联指令"为"急停指令"，如图 5-80 所示。

5）在指令下发文本组件下方，添加 1 个文本组件，"文字内容"输入为"提示：输入 1 表示对设备进行急停操作，输入 0 表示消除急停状态"，如图 5-81 所示。

6）完成以上操作后，单击"保存"按钮，然后单击"预览"按钮，进入预览状态，如图 5-82 所示。

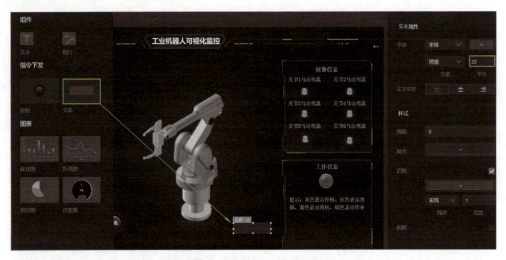

图 5-79　添加指令文本组件

图 5-80　指令下发文本组件的数据源设置　　图 5-81　添加文本组件并输入提示内容

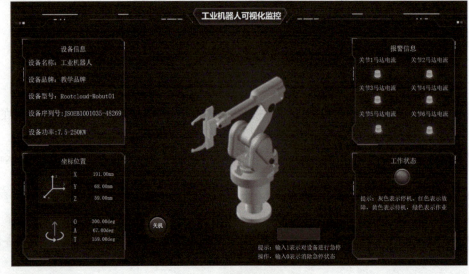

图 5-82　预览可视化大屏

项目 5　设置单设备可视化应用项目

4. 验证可视化数据的准确性

1）进入"硬件列表"界面,单击"工业机器人 01-姓名"对应的"查看"按钮,进入该硬件的设备信息界面,如图 5-83 所示。

图 5-83　"硬件列表"界面

2）进入设备信息界面后,单击"启动"按钮,待机器人处于运行状态后,单击显示屏,如图 5-84 所示。

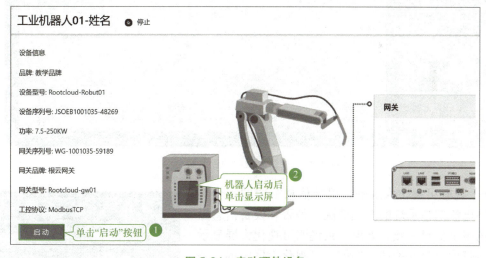

图 5-84　启动硬件设备

3）回到在可视化大屏的预览状态下的界面,通过在指令下发文本组件中输入"1",然后单击 ⏻ 按钮,下发紧急停止指令,如图 5-85 所示。

4）查看设备信息界面中的显示屏信息,急停状态灯如果处于绿色高亮状态,则远程控制指令能正常使用,数据准确性得到确认,如图 5-86 所示。

注意:在急停状态,还可以在可视化大屏的指令下发文本组件中输入"0"进行下发,对比设备信息界面中的显示屏信息,查看急停状态灯是否变为灰色。

图 5-85　下发紧急停止指令　　　　图 5-86　显示屏上的设备状态信息

5）单击可视化大屏中的"关机"按钮，可以发现打开了显示屏的设备信息界面会弹出来"未找到该虚拟设备的节点信息，请尝试重启虚拟设备！"，且设备已经恢复为"启动"按钮状态，说明远程下发关机指令成功，工业机器人成功停机，如图 5-87 所示。

图 5-87　打开显示屏的设备信息界面

6）观察可视化大屏的"报警信息"中的每个关节马达电流的指示灯的变化情况，是否和设备信息界面中的报警信息一致，如果一致说明可视化大屏显示的指示灯信息是准确的。例如：可视化大屏中的"关节 2 马达电流"的指示灯显示红色，对应设备信息界面中有出现"关节 2 马达电流超过安全阈值"的报警信息，则信息一致，如图 5-88 和图 5-89 所示。

7）观察可视化大屏的工作状态的指示灯变化，是否和关联的"工业机器人实例 01- 姓名"的"运行工况"中的设备工作状态数值一致，如果一致，那么说明数据一致性得到确认。例如：可视化大屏中

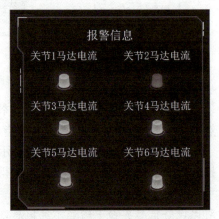

图 5-88　可视化大屏的报警信息

的"工作状态"指示灯显示为绿色,对应设备的"运行工况"中的"设备工作状态值"为"3",则信息一致,如图 5-90 和图 5-91 所示。

图 5-89　设备信息页的报警信息

图 5-90　可视化大屏的工作状态指示灯

图 5-91　设备的工况信息

注意：设备工作状态的说明，详见项目 4 任务 1 中的知识准备。

5.3.4　课后练习

参考本任务的实操步骤，在根云工业数字孪生建模平台的可视化应用中，为机床可视化项目设置报警信息、状态信息和指令按钮，以便设备管理者及时发现机床的异常情况，通过下发指令调整设备运转参数或状态以消除异常。要求如下：

1）使用适当的组件，参考机床物模型的报警信息，为机床可视化项目设置报警信息。
2）使用适当的组件，设置机床的状态信息，实时显示机床的工作状态。
3）使用适当的指令下发组件，设置机床的开关机指令、急停指令和设定主轴速度指令。
4）验证可视化报警及指令实时值与机床硬件设备显示屏报警及指令状态值是否一致。

项目评价

序号	考核技能点	评分标准	分值	得分
1	创建可视化项目	能够创建单设备可视化大屏项目	6	
2	设计可视化大屏的基本信息	1）能够设计可视化监控大屏布局，并设置数据源	14	
		2）能够使用文本组件正确设置硬件设备的基本信息	14	
		3）能够组合使用组件设置硬件设备的工况信息	14	
		4）能够验证可视化数据的准确性	5	
3	配置可视化大屏的报警和指令信息	1）能够使用适当的组件，设置硬件设备的报警信息	14	
		2）能够使用适当的组件，设置硬件设备的状态信息	14	
		3）能够使用适当的指令下发组件，设置硬件设备的指令信息	14	
		4）能够验证可视化数据的准确性	5	
		小计	100	

项目6 设置多设备可视化应用项目

项目引入

单设备的可视化监控设置,不能完全体现工业现场的复杂性,大多数企业的诉求还是集中在复杂系统或者生产线的数字孪生应用中,因此多设备的可视化监控大屏的构建就非常有必要。

本项目是针对多设备的可视化进行展开,在基于单设备可视化监控大屏的通用操作基础上,延展使用折线图、饼状图等设置多个设备的运行状态统计图表,最终实现对生产线多设备作业情况的实时监控。

【知识目标】

◇ 熟悉柱状图、折线图、饼状图、仪表盘的作用。
◇ 熟悉柱状图、折线图、饼状图、仪表盘的属性设置。
◇ 熟悉柱状图、折线图、饼状图、仪表盘的数据源设置。

【能力目标】

◇ 能创建生产线级可视化项目并设置基本信息。
◇ 能使用合适的组件设置产线级可视化项目的产量、利用率和作业趋势。
◇ 能设置生产线级的运行状态和界面跳转。
◇ 能验证可视化大屏中数据的准确性。

【素质目标】

◇ 保持学习主动性,形成主动检验成果的习惯。
◇ 养成规范、有序的平台操作习惯。
◇ 具备认真严谨的逻辑分析能力。

1. 项目说明

本项目主要介绍使用折线图组件设置工业机器人开机率与作业率等派生属性;创建仪表盘显示各设备产量数据;为可视化大屏增加跳转链接,实现可视化项目间的跳转,以便故障设备数超标时可及时报警并快速定位故障设备及其原因,最终实现对多设备作业情况的实时监控。

2. 知识准备

（1）柱状图组件　柱状图是图表组件的一种，通常用于较小的数据集分析，可以展示多维的数据差异，柱状图组件的位置如图 6-1 所示。

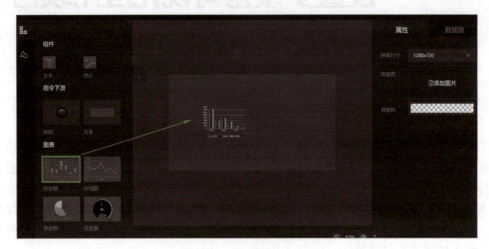

图 6-1　柱状图组件

1）属性设置。

① 尺寸。可以设置柱状图的尺寸大小，可以选择用横向或者竖向进行展示，如图 6-2 所示。

② 颜色面板。可以选择柱状图中的立柱显示颜色，如图 6-3 所示。

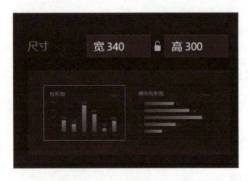

图 6-2　柱状图组件的尺寸设置

图 6-3　柱状图组件的颜色设置

③ 图表选项。勾选"图例"后，会在柱状图中显示图例。可以设置图例的位置，图例显示文字的字体、字号和颜色等，如图 6-4 所示。

2）数据源设置。在柱状图组件的"数据源设置"中若勾选"继承页面模型"，则该组件在配置数据源时会默认关联在编辑区内绑定的物模型及物实例信息。若不勾选，则需按顺序依次选择对应的"物模型""物实例"和"度量"。在"度量"设置中，可以自定义选择多个属性进行度量，如图 6-5 所示。

（2）折线图组件　折线图是图表组件的一种，用于在连续间隔或时间跨度上展示数值，常用来显示趋势和对比关系（多个折线之间的对比），该组件的位置如图 6-6 所示。

项目 6　设置多设备可视化应用项目

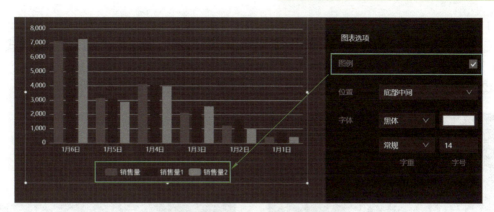

图 6-4　柱状图组件的图例设置

图 6-5　柱状图组件的数据源设置

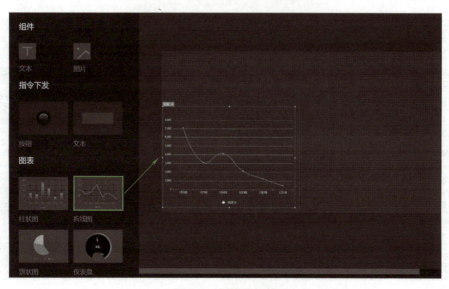

图 6-6　折线图组件

1）属性设置。

① 尺寸及样式。折线图组件的可调整属性包含折线图组件的宽、高以及展现样式（折线图、折线面积图），如图 6-7 所示。

② 颜色面板。可以选择折线图线或者折线面积图的颜色，如图 6-8 所示。

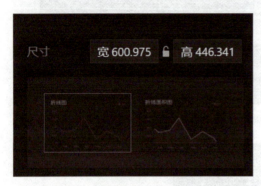

图 6-7　折线图组件的尺寸样式设置

图 6-8　折线图组件的颜色设置

③ 图表选项。勾选"图例"之后，会在折线图中显示图例。可以设置图例的位置、图例显示文字的字体、字号以及颜色等，如图 6-9 所示。

2）数据源设置。在折线图组件的"数据源设置"中若勾选"继承页面模型"，则该组件在配置数据源时会默认关联在编辑区内绑定的物模型及物实例信息。若不勾选，则需按顺序依次选择对应的"物模型""物实例"。折线图维度项固定展示为采集点时间戳，度量项展示为折线，支持选择多个"度量"项，如图 6-10 所示。

图 6-9　折线图组件的图例设置

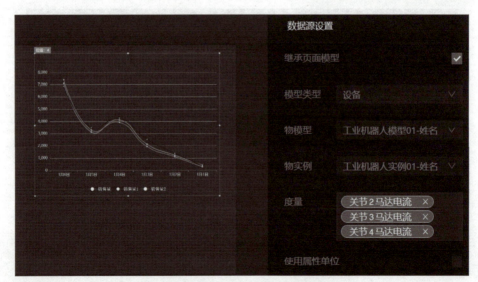

图 6-10　折线图组件的数据源设置

（3）饼状图组件　饼状图是图表组件的一种，通过将一个圆形区域划分为多个子区域，反映出不同子类数据之间的对比关系以及子类数据在大类中所占的百分比，该组件的位置如图 6-11 所示。

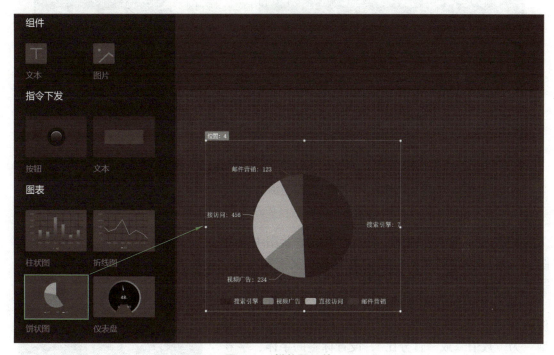

图 6-11　饼状图组件

1）属性配置。

① 尺寸大小。可以调整饼状图的宽、高和环形粗细，"环形粗细"文本框中的值为"0"时，显示为实心饼状图，值越大中空越大，环形变细，如图 6-12 所示。

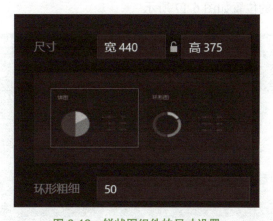

图 6-12　饼状图组件的尺寸设置

② 颜色面板。先选中饼状图中的某个区块，再打开"颜色面板"下的色块的下拉列表，在弹出的颜色面板中，选择目标颜色，单击"确定"按钮，饼状图对应部分颜色变为目标颜色。重复以上操作可以完成对饼状图各部分颜色的设置，如图 6-13 所示。

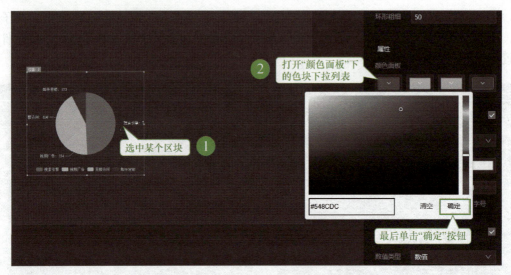

图 6-13 饼状图组件的颜色设置

③ 图例。勾选"图例"之后，会在饼状图中显示图例。可以设置图例的位置、图例显示文字的字体、字号以及颜色等，如图 6-14 所示。

④ 标签。如果勾选"标签"，则会在饼状图的各比例色块中显示所对应的标签信息，可以设置"数值类型"为"数值"或"百分比"，设置标签的字体、字号和字重等，如图 6-15 所示。

2）数据源设置。饼状图组件的数据源设置方法与柱状图的一致，如图 6-16 所示。

（4）仪表盘组件 仪表盘组件可以反映设备各系统的工作状况，该组件的位置如图 6-17 所示。

图 6-14 饼状图组件的图例设置

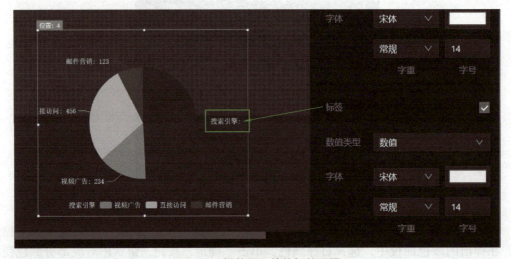

图 6-15 饼状图组件的标签设置

项目 6 设置多设备可视化应用项目

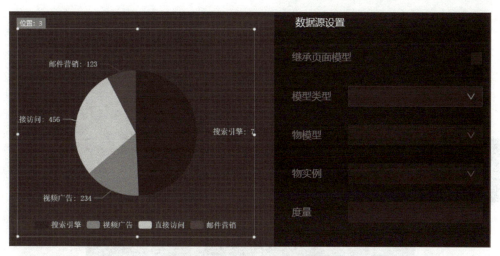

图 6-16 饼状图组件的数据源设置

图 6-17 仪表盘组件

1）属性配置。

① 仪表尺寸。包括组件的宽度和高度，可输入数值自定义大小，也可以通过拖拽仪表边框改变组件的大小，如图 6-18 所示。

② 主题颜色。打开"主题颜色"下的色块下拉列表，选择统计颜色，如图 6-19 所示。

③ 仪表数值。可以设置"数值类型"为"百分比"；设置数值的显示字体、字号和颜色；设定数值的最小值和最大值，如图 6-20 所示。

2）数据源设置。仪表盘组件的数据源设置方法与柱状图的一致，如图 6-21 所示。

图 6-18 仪表盘组件的尺寸设置

图 6-19 仪表盘组件的主题颜色设置

图 6-20 仪表盘组件的数值类型设置

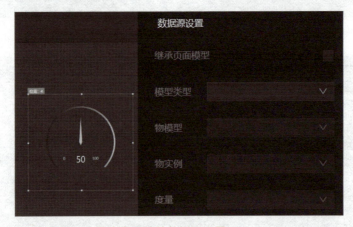

图 6-21 仪表盘组件的数据源设置

3. 项目实施

通过本项目的实操步骤，最终需要完成的多设备可视化大屏的效果如图 6-22 所示。

图 6-22 多设备可视化大屏效果

（1）创建多设备可视化大屏项目

1）进入"课程详情"界面，单击"可视化应用"，进入"可视化应用"界面，单击"创建项目"按钮，创建新的可视化应用项目，如图6-23所示。

图6-23　创建可视化项目

2）在弹出的"创建新项目"对话框中，设置"项目名称"为"加工生产线可视化监控"，"大屏模板"为空白模板，最后单击"确定"按钮，如图6-24所示。

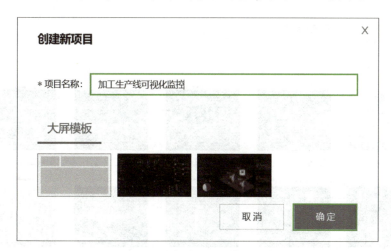

图6-24　"创建新项目"对话框

（2）设计多设备可视化大屏布局

1）进入编辑界面后，在"属性"选项卡中单击"添加图片"按钮，对背景图片进行更换，本示例使用的"屏幕尺寸"为"1280×720"（可根据实际情况自定义屏幕尺寸），如图6-25所示。

图 6-25 添加图片

2）在弹出的"选择图片"对话框中，选择"系统素材库"中的"背景"——"图片"文件夹中合适的背景图，单击"确定"按钮，完成可视化大屏的背景图设置，如图 6-26 所示。

图 6-26 选择背景图片

项目6　设置多设备可视化应用项目

注意：背景图片也可以选择"我的素材库"中自定义上传的图片素材。

3）完成背景图设置之后，为可视化应用项目设置数据源，本例选择的"模型类型"为"复合物"，选择的"物模型"为"加工生产线模型01-姓名"，选择的"物实例"为"加工生产线实例01-姓名"，如图6-27所示。

4）参考项目5任务2中的相关内容，为"加工生产线可视化监控"项目进行布局。需要添加1个标题装饰图和4个不同模块的装饰框，如图6-28所示。

5）通过添加文本组件，为可视化大屏添加标题，设置"文字内容"为"加工生产线可视化监控"，"字体"为"微软雅黑"，"字号"为"22"，其他采用默认设置。

图6-27　可视化应用项目的数据源设置

图6-28　可视化监控大屏的布局效果

为可视化大屏中的4个装饰框添加标题，分别设置"文字内容"为"设备业务指标""设备运行状态""设备产量情况""设备预警信息"，"字体"为"微软雅黑"，"字号"为"17"，其他采用默认设置。都设置完成后，调整标题到合适的位置，如图6-29所示。

（3）为多设备可视化大屏设置业务指标信息

1）通过拖拽的方式，添加仪表盘组件到"设备业务指标"模块中，调整其尺寸到合适大小；设置"数值类型"为"百分比"，"字号"为"12"，其他参数采用默认设置，如图6-30所示。

2）为该仪表盘设置数据源，勾选"继承页面模型"，"度量"设置为"开机率"，如图6-31所示。

185

图 6-29　添加文本组件

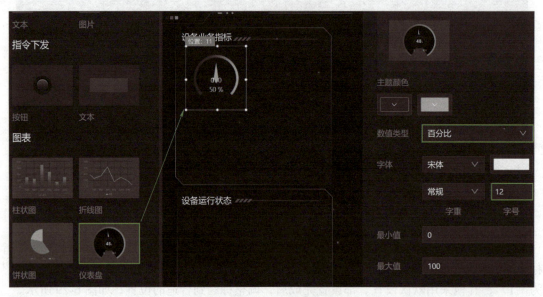

图 6-30　添加仪表盘组件

3）用同样的操作方法，添加另外两个仪表盘，"度量"分别设置为"利用率""作业率"。添加三个文本组件，放置到仪表盘下方，"文字内容"分别设置为"开机率""利用率""作业率"，设置"字体"为"微软雅黑"，"字号"为"14"，其他参数采用默认设置，如图 6-32 所示。

项目6 设置多设备可视化应用项目

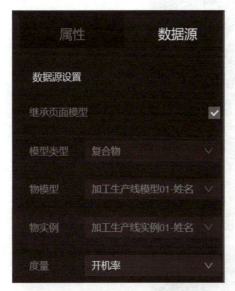

图 6-31 仪表盘组件的数据源设置

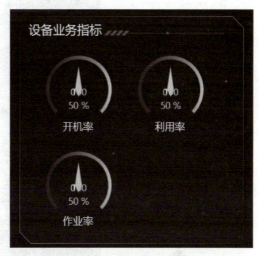

图 6-32 "设备业务指标"模块

4）添加一个文本组件，输入"文字内容"为"设备总数"。添加图片组件置入圆形装饰图，并在图片组件上添加一个文本组件，设置其"字体"为"微软雅黑"，"字号"为"16"，其他参数采用默认设置，如图 6-33 所示。

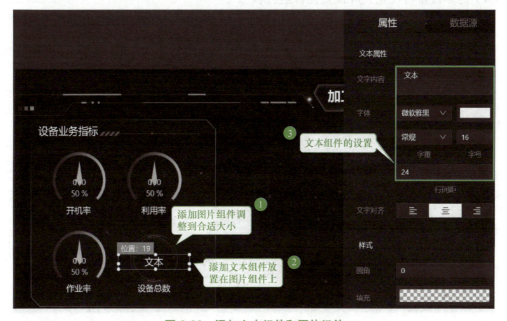

图 6-33 添加文本组件和图片组件

5）为图片组件上的文本组件设置数据源。勾选"继承页面模型"，设置"关联属性"为"总在线设备数"，勾选"使用属性单位"。完成以上操作后，单击"保存"按钮，如图 6-34 所示。

图 6-34 文本组件的数据源设置

（4）为多设备可视化大屏设置设备运行状态

1）选中饼状图组件拖拽到"设备运行状态"模块中的目标位置松开，如图 6-35 所示。

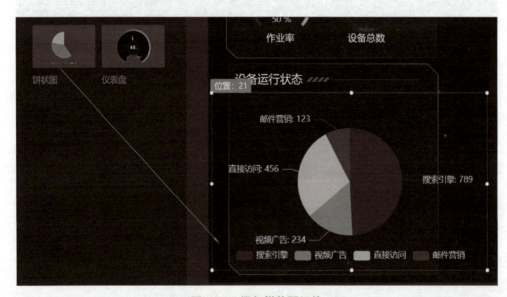

图 6-35 添加饼状图组件

2）为饼状图组件设置属性，"图例"和"标签"的"字体"均设置为"微软雅黑"，"字号"为"12"，其他参数采用默认设置，如图 6-36 所示。

3）为饼状图组件进行数据源设置，勾选"继承页面模型"，"度量"设置为"故障设备数""停机设备数""作业设备数""待机设备数",如图 6-37 所示。

图 6-36 饼状图组件的属性设置

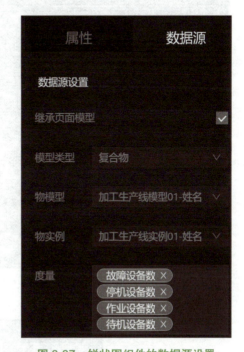

图 6-37 饼状图组件的数据源设置

(5)为可视化大屏设置设备产量情况

1)在"设备产量情况"模块中添加三个文本组件和三个图片组件,均放置在合适的位置。三个文本组件的"文字内容"分别设置为"机器人 01 总产量""机器人 02 总产量""机床总产量",均设置"字体"为"微软雅黑","字号"为"16",其他参数采用默认设置,如图 6-38 所示。

注意:本操作步骤添加的图片组件是用来装饰美化。

2)在"设备产量情况"模块中的图片组件上添加文本组件,其"字体"设置为"微软雅黑","字号"为"16",其他参数使用默认设置,如图 6-39 所示。

图 6-38 "设备产量情况"模块

3)为该文本组件进行数据源设置,设置"模型类型"为"设备","物模型"为"工业机器人模型 01- 姓名","物实例"为"工业机器人实例 01- 姓名","关联属性"为"总产量",勾选"使用属性单位",如图 6-40 所示。

图 6-39　添加文本组件

图 6-40　文本组件的数据源设置

4）复制出另外两个文本组件，分别设置"物实例"为"工业机器人实例 01- 姓名"和"机床实例 01- 姓名"，"关联属性"均为"总产量"，如图 6-41 所示。

项目6　设置多设备可视化应用项目

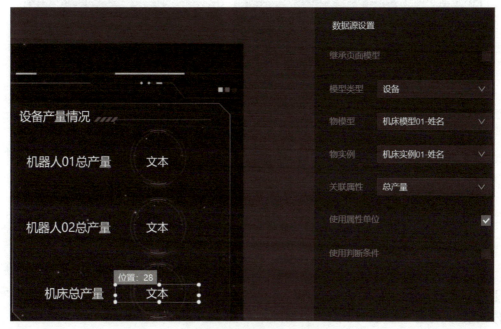

图 6-41　复制添加文本组件

（6）为可视化大屏设置设备预警信息

1）在"设备预警信息"模块中添加五个文本组件，"文字内容"分别设置为"急停次数""急停次数预警""机器人 01""机器人 02""机床"，"字体"均设置为"微软雅黑"，"字号"为"16"，其他参数使用默认设置，如图 6-42 所示。

图 6-42　在"设备预警信息"模块中添加文本组件

2）添加一个文本组件在"急停次数"组件下方，设置"字体"为"微软雅黑"，"字号"为"16"，其他参数使用默认设置，如图 6-43 所示。

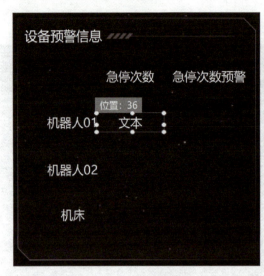 

图 6-43 文本组件的文本属性设置

3）为新添加的文本组件设置数据源，设置"模型类型"为"设备"，"物模型"为"工业机器人模型 01- 姓名"，"物实例"为"工业机器人实例 01- 姓名"，"关联属性"为"急停次数"，勾选"使用属性单位"，如图 6-44 所示。

图 6-44 文本组件的数据源设置

4）复制新添加的文本组件，放置到"急停次数预警"下方，设置数据源时勾选"使用判断条件"，设置"条件 1"的"筛选条件"为">=2"，在"文本"文本框中输入"急停次数超过阈值！！"，字体颜色选择红色，其他设置不变。此设置表示当设备的急停次数大于等于 2 时，出现"急停次数超过阈值！！"的红色警示文字，如图 6-45 所示。

项目6 设置多设备可视化应用项目

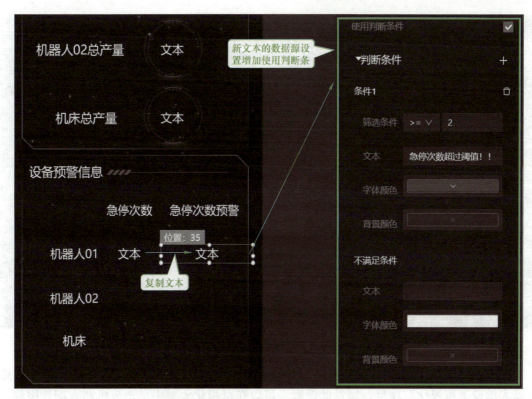

图 6-45 在数据源设置中添加判断条件

5)通过复制的方式,完成图 6-46 所示的文本组件的创建和布局,分别修改其对应的"物实例"为"工业机器人实例 02- 姓名"和"机床实例 01- 姓名"。

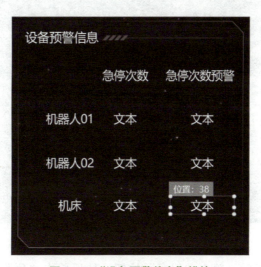

图 6-46 "设备预警信息"模块

(7)为可视化大屏设置页面跳转

1)添加图片组件,为可视化大屏添加工业机器人和机床的图片,并放置在可视化大屏中间的合适位置,如图 6-47 所示。

193

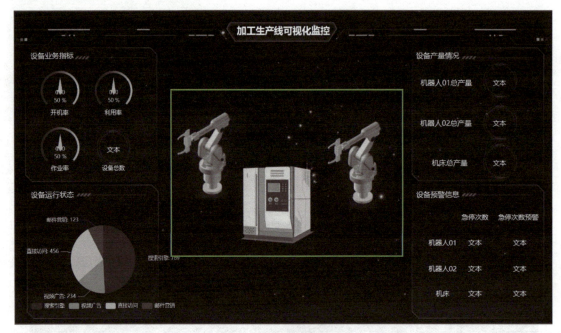

图 6-47 添加图片组件

2）选中其中一个机器人图片组件，在属性设置的"跳转页面"下拉列表中选择"工业机器人单设备可视化"项目。通过此设置，可以在可视化大屏中单击该机器人图片组件跳转到关联的可视化项目界面，如图 6-48 所示。

图 6-48 为图片组件添加跳转页面

3）完成所有的设置后，单击"保存"按钮，然后单击"预览"按钮，跳转到预览状态，如图 6-49 所示。

4）参考项目 5 任务 3 中相关的操作步骤，对本项目的加工生产线可视化监控大屏中的各项数据进行验证，并对页面是否跳转功能进行验证。

项目 6 设置多设备可视化应用项目

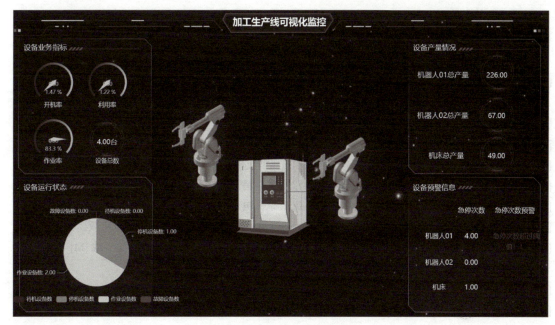

图 6-49 可视化大屏预览效果

4. 课后练习

参考本项目的实操步骤，创建一个名为"工业机器人综合体 - 姓名"的可视化大屏项目，页面模型使用项目 4 任务 2 中创建的"工业机器人综合体 - 姓名"物模型和对应的物实例。要求如下：

1）使用仪表盘展示工业机器人的开机率、作业率和利用率。
2）使用文本与图片组件的组合，展示工业机器人的生产节拍数据。
3）使用折线图展示智能电表的当前总有功电能。
4）为工业机器人图片组件设置跳转页面，单击工业机器人图片组件时，可以跳转到本书项目 5 中创建的"工业机器人单设备可视化"项目界面。

项目评价

序号	考核技能点	评分标准	分值	得分
1	创建可视化项目	能够创建多设备可视化大屏项目	10	
2	设计可视化大屏的基本信息	1）能够设计可视化监控大屏布局，并设置数据源	18	
		2）能够使用适当的组件，正确设置业务指标信息	18	
		3）能够使用适当的组件，正确设置设备运行状态	18	
		4）能够使用适当的组件，正确设置设备预警信息	18	
		5）能够设置页面跳转	18	
		小计	100	

参考文献

[1] 赵波，程多福，贺东东. 数字孪生应用白皮书：2020 版 [R]. 北京：中国电子技术标准化研究院，2020.

[2] 陈根. 数字孪生 [M]. 北京：电子工业出版社，2020.

[3] 周祖德，娄平，萧筝. 数字孪生与智能制造 [M]. 武汉：武汉理工大学出版社，2020.

[4] 丁飞. 物联网开放平台：平台架构、关键技术与典型应用 [M]. 北京：电子工业出版社，2018.

[5] 宋航. 万物互联：物联网核心技术与安全 [M]. 北京：清华大学出版社，2019.

[6] 赵兴峰. 数字蝶变：企业数字化转型之道 [M]. 北京：电子工业出版社，2019.

[7] 王建伟. 工业赋能：深度剖析工业互联网时代的机遇和挑战 [M]. 北京：人民邮电出版社，2018.

[8] GUINARD D D，TRIFA M V. 从物联到万联：Node.js 与树莓派万维物联网构建实战 [M]. 月影，译. 北京：电子工业出版社，2018.

[9] 董玮，高艺. 从创意到原型：物联网应用快速开发 [M]. 北京：科学出版社，2019.

[10] NTT DATA 集团，河村雅人，大塚纮史，等. 图解物联网 [M]. 丁灵，译. 北京：人民邮电出版社，2017.

[11] 工业互联网术语和定义（版本 1.0）白皮书 [R]. 北京：工业互联网产业联盟（AII），2019.

[12] 工业互联网体系架构（版本 2.0）[R]. 北京：工业互联网产业联盟（AII），2020.